SOZIALPÄDAGOGIK UND PSYCHOLOGIE
BAND 5

WESTARP
WISSENSCHAFTEN

SEXUELLER MISSBRAUCH VON KINDERN UND JUGENDLICHEN

Hilfe für Kind und Täter

herausgegeben von

Margit Gegenfurtner
Bernhard Bartsch

Sozialpädagogik und Psychologie, Band 5

WESTARP WISSENSCHAFTEN

Die Deutsche Bibliothek — CIP–Einheitsaufnahme

Sexueller Mißbrauch von Kindern und Jugendlichen:
Hilfe für Kind und Täter / hrsg. von Margit Gegenfurtner; Bernhard Bartsch. [Autoren: A Bintig ...]. – Magdeburg: Westarp–Wiss. 1994
(Sozialpädagogik und Psychologie; Bd. 5)
ISBN 3–89432–075–3

NE: Gegenfurtner, Margit [Hrsg.]; GT

Titelbild: Sigrid Hänisch

Verlag Wolf Graf von Westarp
Uhlichstraße 6, 39108 Magdeburg, Tel.+Fax. 0391–35620

Druck und Bindung: Hartmann, Ahaus

Vorwort

Die Vereinten Nationen beschlossen im Jahre 1989 die "Konvention über die Rechte des Kindes". In diesem internationalen Übereinkommen wurden zum ersten Mal in einer verbindlichen Rechtsform politische, wirtschaftliche, soziale und kulturelle Rechte der Kinder festgelegt. Kinder haben ein Recht auf seelische und körperliche Unversehrtheit (Artikel 19, Artikel 34). Jedoch ist für viele Kinder Gewalt und sexueller Mißbrauch tägliche Realität. Die einzelnen Bestimmungen des Übereinkommens - gerade zum Schutz der Kinder vor körperlicher Gewalt und sexuellen Mißbrauch - umzusetzen, bedarf der intensiven Zusammenarbeit verschiedener Fachdisziplinen.

In diesem Band beschreiben Vertreter/innen aus Politik, Recht, Psychologie und Pädagogik ihre Hilfs- und Präventionskonzepte. Frau U. Enders, Frau Ch. Gaenslen-Jordan, Frau C. Marquardt, Frau U.-J. Schneewind, Herr R. Eichholz und Herr T. Layne hielten ihren Beitrag auf der Fachtagung "Sexueller Mißbrauch von Kindern und Jugendlichen - Hilfe für Kind und Täter" an der Universität - Gesamthochschule Essen. Herr A. Bintig hielt sein Referat im Rahmen des "Ruhrgebietforums für soziale Strafrechtspflege", welches ebenfalls an der Universität - Gesamthochschule Essen durchgeführt wurde. Herr Bintig gab uns dankenswerter Weise die Abdruckgenehmigung. Im letzten Beitrag des Bandes stellen wir ein Fortbildungskonzept für Erzieher/innen vor, das von uns an der Universität - GHS entwickelt und erprobt wurde.

Der Kinderbeauftragte der Landesregierung Nordrhein-Westfalen, Dr. Reinald Eichholz, betont in seinem Beitrag die Notwendigkeit eines breiten politischen Ansatzes. Bei der Formulierung politischer Ziele zur Problembewältigung müssen gesamtgesellschaftliche Rahmenbedingungen mitberücksichtigt werden, ansonsten sind spezifische Hilfskonzepte zum Scheitern verurteilt. Weiterentwicklungen im psychosozialen Beratungswesen sowie im Justizbereich sind notwendig, um wirksamer für Kinder tätig werden zu können.

Ein Strafverfahren ist für ein sexuell mißbrauchtes Kind eine enorme psychische Belastung. Im Strafverfahren steht der Täter (die Täterin) im Mittelpunkt, das Kind ist "nur" ein wichtiges Beweismittel. Deshalb plädiert Frau Claudia Marquardt für den zivilrechtlichen Kinderschutz. Sie zeigt in ihrem Beitrag zivilrechtliche Möglichkeiten auf, die sowohl dem Schutz als auch dem Wohl des Kindes dienen.

Kindertherapie ist immer kontextorientiert, da Kinder vom sozialen und familialen Kontext abhängig sind. Frau Schneewind beschreibt in ihrem Beitrag "Grundzüge der Kindertherapie" wichtige kontextuelle Faktoren, deren Kenntnisse für die therapeutische Planung und Behandlung besonders wichtig sind. Des weiteren beschreibt Frau Schneewind die wesentlichsten Aspekte der Familienbehandlung und der Einzeltherapie, wobei sie insbesondere auf charakteristische Probleme eingeht, die häufig während des therapeutischen Prozesses auftreten.

Frau Gaenslen-Jordan u.a. setzen sich kritisch mit amerikanischen Programmen zur Prävention von sexuellem Mißbrauch auseinander. Sie zeigen Mängel sowie unerwünschte Nebeneffekte von Präventionsprogrammen und -materialien auf und illustrieren dies anhand von zwei deutschsprachigen Bilderbüchern, in denen amerikanische Präventionsideen umgesetzt wurden. Im Anschluß an ihre Ausführungen erörtern sie die Konsequenzen, die sie aus ihrer Kritik ziehen.

In den nächsten drei Beiträgen geht es vorwiegend um den Bereich der Täter. Um Kinder kompetent und langfristig schützen zu können - aber auch, um dem Täter selbst Hilfe zuteil werden zu lassen -, ist es notwendig, sich mit seiner Persönlichkeit, aber auch mit den Möglichkeiten seiner therapeutischen Behandlung auseinanderzusetzen. Die Ausführungen beziehen sich überwiegend auf männliche Täter, weil derzeit nur geringfügige Daten und Erkenntnisse zum Problembereich "Frauen als Täterinnen" vorhanden sind.

Frau Enders beschäftigt sich mit den Täterstrategien. Sie zeigt anhand von vielen Beispielen auf, wie gezielt Täter vorgehen, welche vielfältigen Taktiken sie anwenden, um Kinder in das Mißbrauchsgeschehen einzubinden. Des weiteren setzt sie sich mit dem organisierten Verbrechen "Kinderpornographie" und "satanischen Ritualen" auseinander.

In den Ausführungen von Tom Layne geht es um amerikanische Behandlungsprogramme für Sexualstraftäter. Er zeigt u.a. auf, was für das Erstellen eines individuellen Behandlungsplanes erfaßt werden sollte und beschreibt einige Behandlungstechniken, die sich in den USA als erfolgreich erwiesen haben.

Herr Arnfried Bintig stellt sein Konzept der ambulanten Psychotherapie mit Sexualstraftätern vor. Beispiele aus seiner Praxis veranschaulichen konkrete Techniken, die sich in einer Arbeit mit Tätern bewährt haben.

Im letzten Beitrag dieses Bandes stellen wir unsere Konzeption eines zweitägigen Grundlagenseminars für Erzieher/innen vor. In dem Grundlagenseminar geht es um Vermittlung von Sachwissen sowie um Erweiterung der Handlungskompetenz. Darüber hinaus werden Übungen zur biographischen Selbstreflexion angeboten. Solche Übungen halten wir für wichtig und notwendig, da Helfer/innen bei Konfrontation mit sexuellem Kindesmißbrauch immer mit ihrer eigenen Kindheitsgeschichte und ihrer eigenen Sexualität in Kontakt kommen.

An dieser Stelle möchten wir uns noch einmal ganz herzlich bei den Referentinnen und Referenten für ihre engagierte Mitarbeit bei der Gestaltung der Fachtagung sowie bei der Erstellung der Dokumentation bedanken.

Bei der Organisation der Fachtagung sowie bei der Reinschrift der Manuskripte wurden wir geduldig und tatkräftig von Frau Ute Stritzel unterstützt. Ihr gilt unser besonderer Dank.

Das Bild auf dem Umschlag ist die Reproduktion eines Aquarells der Designerin, Frau Sigrid Hänisch. Frau Hänisch fertigte das Aquarell eigens für diesen Band an. Wir möchten ihr dafür unseren Dank aussprechen.

Die Herausgeber

Margit Gegenfurtner
Bernhard Bartsch

Inhalt

Reinald Eichholz

Kinderschutz gegen Machtmißbrauch

In diesem Beitrag werden die gesellschaftlichen Rahmenbedingungen umkreist, auch wenn dies zunächst, gemessen an dem Zentrum der Problematik, um die es uns geht, etwas peripher erscheint.

Ich habe das Thema bewußt weiter gezogen als nur speziell "sexueller Mißbrauch an Kindern und Jugendlichen", weil ich denke, wir geraten sonst in die Gefahr einer Problemverengung und zwar im öffentlichen Bewußtsein, bei der Formulierung politischer Ziele wie bei der Konzipierung von Hilfen. Untergründig gibt es ja Problemvernetzungen in viele andere Problemfelder, das brauche ich vor Fachleuten kaum zu sagen. Mir scheint wichtig, daß sich das auch in der politischen Herangehensweise an diese Problematik niederschlägt.

Wenn ich nun einige eher gedankliche Ausführungen dazu mache, kann es den Anschein haben, daß das theoretische Ersatzhandlungen sind für das, was Politik eigentlich sollte, nämlich handeln. Ich will mich tatsächlich damit nicht aus der Affäre ziehen, sondern meine, daß es darauf ankommt, gerade auch für politisches Handeln, für wirksames Handeln, die Voraussetzungen im Verstehen zu schaffen. Sonst ergibt sich eben kopfloser Aktionismus, einfach aus der Betroffenheit durch das Problem, und die Gefahr einer bloßen Symptomorientierung, statt wirklicher Ursachenbekämpfung. Was ich tun möchte, ist sozusagen einige Koordinaten der längerfristigen gesellschaftlichen Entwicklung aufzeigen, in die sich dann politisch das Thema "sexueller Mißbrauch an Kindern und Jugendlichen" einordnet.

Zunächst nur ganz knapp einige Anmerkungen zu den Erscheinungsformen und zur Verbreitung. Ich möchte klarstellen, daß ich mich an den üblichen Spekulationen, wie groß der Täterkreis und wie hoch die Dunkelziffern sind, aus politischen (!) Gründen nicht beteilige. Ich erlebe, daß die Diskussion um diese statistische Erfassung des Problems das Problem selbst zu überlagern beginnt. Es hat offenbar eine gewisse Faszination, darüber zu sinnieren, ob man die Daten, die wir in der Kriminalitätsstatistik usw. haben, nun mit 8 oder mit 15 oder mit 30 multiplizieren muß, um der Größenordnung des Problems nahezukommen. Mir scheint dies die Diskussion vom Zentrum wegzurücken. Es ist eindeutig, daß wir vor einem Problem stehen, das wirklich alle Bereiche der Gesellschaft durchdringt, also insofern ist auch klar, daß hier eine politische Herausforderung ersten Ranges gegeben ist. Deshalb sollten wir uns letzten Endes an solchen Spekulationen nicht beteiligen. Für mich steht fest, jeder Fall ist ein Fall zu viel.

Im übrigen ist deutlich, daß Definitionsprobleme in diesem Zusammenhang eine ganz große Rolle spielen. Das beeinflußt auch die Frage, ob wir es tatsächlich mit einer Zunahme von sexuellem Mißbrauch zu tun haben oder lediglich die Entwicklung in den vergangenen 15 Jahren dazu geführt hat, daß das Thema enttabuisiert wurde, und wir auf diese Weise aufmerksamer für Fragen der sexuellen Selbstbestimmung geworden sind und einfach mehr erfahren über das, was schon immer vor sich gegangen ist. Was wohl feststeht ist, daß vorwiegend Mädchen betroffen sind, aber eben auch Jungen. Im übrigen kennen wir eigentlich keine Alterbegrenzung nach unten, aber das Grundschulalter und aufwärts ist sicher der Bereich der Schwerpunkte. Dann ist auch unbestritten, daß es sich um ein Problem des persönlichen, familiären oder institutionellen Nahbereichs handelt. Es ist z.B. so, daß wir in den letzten 2 Jahren sexuelle Übergriffe immer öfter auch in Kindergärten beobachten.

Täter sind in der Regel Männer, seltener Frauen; aber auch hier gibt es keine Angaben, die eine letztgültige Quantifizierung zuließen.

Was letztlich auch für die politischen Antworten auf die Probleme wichtig ist: Wir haben es nicht mit einer "einlinigen", durch äußere Gewalt gekennzeichneten Beziehung zu tun; sondern es handelt sich um ambivalente Beziehungen, was sicherlich einen besonderen Problemgehalt ausmacht. Liebe und Haß liegen nah beeinander. Und wo wir es mit Gewalt zu tun haben, physischer oder psychischer, können wir immer wieder feststellen, daß Gewaltausübung eher eine Schwäche signalisiert, als das, was sich äußerlich in Übermacht und Gewalt ausdrückt. Identitätsprobleme und Probleme der Selbstbehauptung sind vermutlich die tieferliegenden Gründe. Die "Koordinate", die es hier zu beachten gilt, beschreiben wir familiensoziologisch und in anderen gesellschaftlichen Zusammenhängen als "Individualisierung". Wir müssen beispielsweise familienpolitisch die Auflösung sozialer Systeme konstatieren. Familie, Nachbarschaft, kirchliche Bindungen - überall haben sich die sozialen Systeme in ihrer Verbindlichkeit für das individuelle und gesellschaftliche Leben zurückgezogen. Wir können einen Verlust von Konventionen und Tabus feststellen, was natürlich in vielen Lebenszusammenhängen auch dazu geführt hat, daß verhaltensstabilisierende Stützen geschwunden und in der Folge Orientierungsprobleme und Verunsicherungen eingetreten sind. D.h. überall ist eine ganz neue Qualität von Mündigkeit nötig, von Selbstführungsfähigkeit. Und wo im Blick auf diese Selbstführungsfähigkeit Schwächen und Probleme bestehen, haben wir es potentiell mit

Situationen zu tun, die zur Gewalttätigkeit neigen.

Bei sexueller Gewalt geht es um eine erhebliche Komplizierung dieses Problems. Ich möchte in den Vordergrund stellen, daß der Grundzug bei sexuellem Mißbrauch gegenüber Kindern und Jugendlichen in der Disproportion zwischen Erwachsenen und Kindern besteht. Die physische Überlegenheit ist deutlich, aber es ist natürlich auch die Lebenserfahrung, die den Erwachsenen "über das Kind" stellt. Dieses Machtgefälle, wird im Grunde nur legitimiert durch Fremdnützgkeit. Es gibt kein "Recht am Kind", sondern wir müssen eingedenk des Menschenwürdegrundsatzes (Art. 1 des Grundgesetzes) von einer Treuhänderschaft sprechen, die Autonomie und Selbstbestimmung achtet als die Einlösung des Rechts jedes Kindes auf Entwicklung und Entfaltung. Wo dies nicht zur gelebten Überzeugung wird, sehe ich grundsätzlich die Gefahr, daß Mißbrauch eintreten kann. D.h. wir haben uns als gewissermaßen zweite Koordinate die Kindheit mit ihrem ganz eigenen Gepräge vor Augen zu stellen.

Die Kindheit als gesellschaftliche Erscheinungsform ist eine junge Entwicklung, die im Zusammenhang mit der Industrialisierung begonnen hat. Sie hat dazu geführt, daß wir Kindheit heute als Schonraum begreifen können, wo wir freilich auch sehen, daß die erzieherischen Beziehungen zwischen Erwachsenen und Kindern sehr viel differenzierter geworden sind. Überall, wo die Erwachsenen ihr erzieherisches Mandat statt mit Fremdnützigkeit mit Eigennutz verbinden, da haben wir es sozusagen mit Amtspflichtverletzungen gegenüber den Kindern zu tun. Gerade dies macht die Tiefe der Verletzungen aus, deren Langzeitfolgen unübersehbar sind.

Teil dieser komplexen Problematik ist die Tatsache, daß wir Ehe- und Partnerschaftskrisen bis hin zur Familienzerstörung als ein Begleitproblem des sexuellen Mißbrauchs vor uns haben. Wir müssen dies wohl einordnen als eine weitere Koordinate, den Familienwandel. Auch der Funktionswandel der Familie ist eine Entwicklung im Zusammenhang mit dem Werden der Industriegesellschaft. Eine Fülle von Funktionen, die ehemals die Familie gehabt hat, sind auf andere Gemeinschaften - Solidargemeinschaften - übergegangen, und so ist die Familie von einer Funktionsgemeinschaft mit einem ganz bestimmten Anforderungsprofil der Gesellschaft zu einer Gefühls- und Verantwortungsgemeinschaft geworden, die mit äußeren Pflichten immer weniger zu tun hat. Das hat insofern untergründige Folgen für die Gewaltproblematik, als infolge der starken Emotionalität der Familienbeziehungen durch den sexuellen Mißbrauch von Kindern das Familiensystem selbst in Frage gestellt ist. Das wirkt sich bis in die praktischen Fragen hinein aus, daß die Aufklärung des sexuellen Mißbrauchs außerordentlich schwierig ist, weil es eben nicht darum geht, nur etwa einen Vater anzuzeigen, sondern die

Partnerschaft tiefgreifend berührt ist und das Bild einer ehelichen Beziehung völlig zerstört werden kann.

Mit dieser groben Andeutung von Entwicklungslinien, also der Individualisierung, der Entwicklung der Kindheit und dem Familienwandel, möchte ich deutlich werden lassen, daß diese "Einkreisung" des Problems durchweg auf längerfristige Entwicklungen verweist, die folglich auch dem politischen Handeln zugrunde gelegt werden müssen. Die erste Herausforderung, die sich hier stellt, besteht darin, daß wir an dieser Stelle über die Rechte des Kindes reden müssen. Es ist bemerkenswert, daß erst in den 50er Jahren durch das Bundesverfassungsgericht klargestellt wurde, daß das Kind Grundrechtsträger ist. Danach hat der Anspruch des Kindes auf freie Entfaltung der Persönlichkeit mehr und mehr Anerkennung gefunden. Ich erinnere aber an die Diskussion um das Kinder- und Jugendhilfegesetz, wo zwar dieses Denken weiter fortgeschritten ist, es aber doch nicht zu einem eigenständigen Anspruch des Kindes auf Hilfe gekommen ist. Das ist um so problematischer, als sich beim sexuellen Mißbrauch von Kindern stärker als in fast allen anderen Bereichen des Familienlebens zeigt, daß Elternaufgaben und Kinderrechte in einen Konflikt geraten können.

Es ist sicher unklug, Konflikte - rechtliche Konflikte - zwischen Eltern und Kindern herbeizureden. D.h. im allgemeinen wird man auch heute davon ausgehen können, daß Elternrechte und Kindesrechte gewissermaßen konform gehen. Aber wir dürfen nicht übersehen, daß in den letzten 50 Jahren mit der Zerbrechlichkeit sozialer Beziehungen gerade in der Familie Entwicklungen eingetreten sind, in denen Kinder allzu oft alleine stehen und deswegen ihre Rechtsposition gestärkt werden muß.

Ich will nur andeuten, daß diese rechtliche Betrachtung durchaus interessante Perspektiven ergeben kann. Ich möchte das mit dem Stichwort "Wächteramt des Staates" andeuten. Sie wissen, daß die staatliche Gemeinschaft, wie es im Grundgesetz heißt, aufgerufen ist, über die Wahrnehmung der Elternverantwortung zu wachen. Dies ist ein Mandat des Staates, das in der Situation des sexuellen Mißbrauchs, wo das Kind tendenziell alleine steht, viel ernster genommen werden muß. Wir können die Konvention der Vereinten Nationen über die Rechte des Kindes hinzunehmen, wo die Ausbeutung des Kindes gerade auch durch sexuellen Mißbrauch besonders diskriminiert wird. Auch hier geht es darum, daß die Rechte des Kindes gestärkt werden sollen. Wir müssen uns deshalb fragen, ob das, was das Kinder- und Jugendhilfegesetz nun tatsächlich in geltendes Recht umgesetzt hat, ausreichend ist. Es gibt, was ja für die Beratungssituation von besonderer Bedeutung ist, insofern einen Fortschritt, als früher streitig war, ob sich Kinder in einer solchen Situation überhaupt an Beratungsstellen wenden können. Hier haben wir immerhin eine

Klarstellung, daß dies möglich ist. Aber die Kinder selbst haben noch keinen Anspruch auf Beratung. Hier sind Weiterentwicklungen notwendig.

Betrachtet man nun die Hilfekonzepte, die bei der Umsetzung eines Rechts des Kindes auf Hilfe in Betracht kommen, so haben wir unterschiedliche Spuren zu verfolgen. Einmal geht es um die Frage, wie weit wir dem Opfer zur Hilfe verpflichtet sind, aber auch um die Frage, wie weit Hilfekonzepte für die Täter angebracht sind. Ich möchte mich an dieser Stelle auf das Stichwort: "Hilfe statt Strafe" oder - wohl problemangemessener - "Hilfe vor Strafe" beschränken. Beide Spuren wären weiterzuverfolgen und darzulegen, wie wir strafrechtliche Konsequenzen und das, was im beraterisch-therapeutischen Bereich getan werden kann, zusammensehen und in ein Verhältnis bringen können.

Ich möchte den Akzent jetzt aber etwas anders setzen: Wenn ich noch einmal zurückblicke auf das, was ich Koordinaten genannt habe, dann zeigt sich, daß wir bei der Formulierung politischer Ziele zur Problembewältigung eben nicht nur ganz punktuell das Problem des sexuellen Mißbrauchs von Kindern und Jugendlichen betrachten dürfen, sondern wir müssen sozusagen die verunsichernden Entwicklungen, die diese speziellen Probleme begünstigen, mit ins Auge zu fassen, d.h. Persönlichkeitsstabilisierung, Rechte des Kindes und ganz allgemein die Förderung der Familie. Das sind Rahmenbedingungen, die mitbeeinflußt werden müssen, wenn wir am Schluß weiterkommen wollen. Andernfalls werden alle spezielleren Konzepte scheitern. Gerade weil dieser Zusammenhang politisch nur schwer zu fassen und umzusetzen ist, möchte ich die Notwendigkeit dieses breiten politischen Ansatzes betonen.

Ich möchte im folgenden auf den Ausschnitt Beratung und Hilfe besonders eingehen. Dabei ist klar, daß es hier um Vorbeugung geht und um Intervention durch kurz-, mittel- und langfristige Hilfen. Wenn man die Problematik nicht punktuell sieht, sondern in die beschriebenen Koordinaten einordnet, geht es um Funktionen, die das gesamte psychosoziale Beratungswesen betreffen. Über 200 Beratungsstellen für Eltern, Jugendliche und Kinder und 100 Ehe- und Lebensberatungsstellen stehen zur Verfügung, nur um eine Größenordnung zu nennen für das, was wir hier in Nordrhein-Westfalen haben. Aber es hat sich natürlich gezeigt, daß dies nicht ausreicht, um den speziellen Problemen, die sich im Bereich des sexuellen Mißbrauchs stellen, gerecht zu werden. Das allgemeine Beratungswesen leistet Vorbeugung bis zu einem gewissen Grade, vor allen Dingen aber mittel- und langfristige Hilfen. Was fehlt, sind konkrete Interventionsmöglichkeiten. Wir haben deshalb in NRW das holländische Beispiel der vertrauensärztlichen Stellen aufgegriffen und dem allgemeinen Beratungssystem gewissermaßen besondere Einlaßtore vorgelagert. Wir gehen davon aus, daß die untergründige Vernetzung der

Probleme durchaus in die Bereiche allgemeiner therapeutischer Aufgaben verweist. Aber wir wissen auch, daß diese Einrichtungen, eben bei den speziellen Problemen der Kindesmißhandlung, Kindesvernachlässigung und insbesondere sexuellen Mißbrauchs eben nicht ohne weiteres in Anspruch genommen werden. Deswegen die Überlegung, durch Kooperation mit der Ärzteschaft besondere Zugänge zu schaffen. Wir haben etwa 20 solcher Stellen in NRW, 14 davon vom Land gefördert. Hier ist immerhin ein Versuch gemacht, im Bereich der Intervention weiter zu kommen.

Es zeigt sich, daß diese Hilfeangebote in erster Linie bei Kindesmißhandlung und Kindesvernachlässigung greifen, am wenigsten aber beim sexuellen Mißbrauch von Kindern und Jugendlichen. Deswegen kann ich auf Weiterentwicklungen verweisen einerseits in den Kinderschutzzentren und andererseits den Kinderschutzambulanzen, einer speziellen Form der Hilfe, die in Düsseldorf und in Münster (Dr. Jungjohann, Prof. Dr. Fürniss) entwickelt wurde. Hier stehen ganz spezielle Hilfen im Zusammenhang mit sexuellem Mißbrauch zur Verfügung. In demselben Sinne ist hinzuweisen auf die Angebote von Zartbitter e.V. und Wildwasser e.V. Ich will damit andeutend den Horizont abgreifen, wo gegenwärtig spezielle Hilfen vorhanden sind. Ergänzend ist zu vermerken, daß NRW nunmehr in Bielefeld ein Mädchenhaus fördert, ein weiteres Hilfeangebot, das in diesem Zusammenhang von Bedeutung ist. Der Kinderschutzbund in Köln hat schließlich eine spezielle Zufluchtsstätte geschaffen, die für Kinder bei sexuellem Mißbrauch zur Verfügung steht.

Die Förderungsaspekte habe ich nur kurz angerissen. Das Kinder- und Jugendhilfegesetz bietet hier neue Ansatzpunkte. Dies hat dazu geführt, daß die öffentliche Jugendhilfe, also die Jugendämter, sich - positiv auf der einen Seite, problematisch auf der anderen - nun sehr viel intensiver um den Beratungsbereich kümmern. Die fachlichen Rahmenbedingungen für eine qualifizierte Beratung und Therapie haben sich über viele Jahre entwickelt; sie geraten neuerdings mit den rechtlichen Regelungen, die wir nun haben, in einen Konflikt. Die öffentliche Jugendhilfe sieht es verständlicherweise als ihre Aufgabe an, in ihren Strukturen die Probleme der Kindesmißhandlung usw. aufzugreifen. Wenn ich dagegenhalte, was sich an Standards im Beratungswesen entwickelt hat - fachliche Unabhängigkeit, Verschwiegenheit usw. -, dann ist nicht zu verkennen, daß hier ohne besondere Vorkehrungen Konflikte im Entstehen begriffen sind. Im Interesse einer qualifizierten, unabhängigen Beratung bei Kindesmißhandlung, -vernachlässigung und sexuellem Mißbrauch könnte es deshalb weiter führen, eine Idee aufzugreifen, die schon zwei, drei Jahre alt ist, die aber nur sehr langsam im Gespräch weiterkommt. Und zwar wirkt sich als Mangel aus, daß wir für das psychosoziale

Beratungswesen - gleich in welcher Trägerschaft - immer noch keinen Konsens über Regeln des fachlichen Könnens haben. Wir haben in Richtlinien einige Beratungsgrundsätze formuliert, aber das, was im medizinischen Bereich die Regeln der ärztlichen Kunst sind, das müßten wir für den beraterisch-therapeutischen Bereich in einer ganz entsprechenden Weise entwikkeln. Dies erscheint mir notwendig, um innerhalb des psychosozialen Beratungswesens Instrumente bereit zu halten, die fachlich geeignet sind, die Probleme, gerade auch des sexuellen Mißbrauchs, zu bewältigen.

Dies betrifft den Ausschnitt der Beratung.

Ein weiterer Ausschnitt wäre die Justiz. Hier gibt es für die von sexuellem Mißbrauch betroffenen Kinder und Jugendlichen ganz besondere Probleme, wenn die Straftaten gerichtlich aufgearbeitet werden. Oft ziehen sich die Verfahren über Jahre hin; denn die Aufklärung ist außerordentlich schwierig, und zwar nicht zuletzt deshalb, weil viele Aussagen, die in einem früheren Stadium des Verfahrens gemacht werden, hinterher verändert werden. So kommt es immer wieder zu Vernehmungen, die für die Kinder oft ein Wiederaufleben der alten Qualen bedeuten. Wenn man bedenkt, daß Polizei, Staatsanwaltschaft und Gerichte nur vereinzelt über die Voraussetzungen verfügen, um mit den geschädigten Kindern umzugehen, kann das Verfahren zu einer wesentlichen Vertiefung des Schadens führen. Ich habe deshalb vorgeschlagen, als Pilotprojekt bei einer Staatsanwaltschaft ein Spezialdezernat für die Straftaten "Gewalt gegen Kinder" einzurichten. Man ist dem gefolgt. Wir haben in Dortmund eine solche Stelle, in Düsseldorf seit kurzem ebenfalls. Es ist also eine Entwicklung im Gange, im Justizbereich diese Probleme sensibler aufzugreifen. In Hessen gibt es vergleichbare Bemühungen. Hier versucht man die Probleme durch eine frühe richterliche Vernehmung zu bewältigen. In NRW gibt es im Justizministerium die Bereitschaft, durch Rechtstatsachenforschung herauszubekommen, wie Kinder hier belastet werden, um dann weitere Konsequenzen zu ziehen.

Ich möchte einen Ausblick anfügen. Ich sehe, daß die Probleme des sexuellen Mißbrauchs von Kindern in der Politik für Kinder einen ganz besonderen, hohen Stellenwert bekommen haben, allerdings mit einer sehr problematischen Rückwirkung. Viele andere Probleme sind dadurch nämlich in den Hintergrund getreten. Das betrifft nicht nur Probleme der Lebensbedingungen allgemein, sondern es betrifft auch andere Gewaltprobleme. Das Thema "Züchtigungsrecht" läßt sich eben noch im öffentlichen Bewußtsein halten, aber das, was psychische Gewalt betrifft, was Vernachlässigung betrifft, gerät allzu leicht aus dem Blick. Ich habe den Eindruck, daß wir aufpassen müssen, nicht in der positiven Zuwendung zu den speziellen Problemen des sexuellen Mißbrauchs Gefahr zu laufen, an anderer Stelle einfach nicht wach genug zu sein. Das betrifft insbesondere, was ich als "subtile" Gewaltformen bezeichnen möchte. Damit meine ich, was in den Medien geschieht, und zwar über die Inhalte der Gewalt, aber auch was ich die Gewaltförmigkeit der Technik selbst nennen möchte. Audiovisuelle Techniken fesseln das Denken der Kindern in einer Weise, daß wir schon hier davon sprechen müssen, daß Gewalt ausgeübt wird. Es lohnt, darüber weiter ins Gespräch zu kommen.

Ich möchte abschließen mit dem Hinweis, daß zur Zeit die gemeinsame Verfassungskommission des Bundestages und des Bundesrates das Grundgesetz überarbeitet. Wenn wir uns vorstellen, daß eines Tages im Grundgesetz stehen würde: "Jedes Kind hat das Recht auf Entwicklung und Entfaltung", dann hätten wir eine entscheidende rechtliche Stütze, die es erleichtern würde, wirksamer für Kinder tätig zu werden, gerade auch, wenn sie Opfer sexueller Ausbeutung geworden sind. Es ist deshalb zu hoffen, daß die Interessen der Kinder in der Verfassungsdiskussion nicht untergehen.

Claudia Marquardt

Vorrang des zivilrechtlichen Kindesschutzes Strafanzeige nur auf Wunsch des Kindes

Selten kann ein Kind ohne rechtliche Maßnahmen geschützt werden, aber die rechtlichen Schutzmaßnahmen sollten in erster Linie zivilrechtliche sein. Ich möchte dazu am Anfang etwas vorausschicken: Niemand ist zur Strafanzeige verpflichtet. Ich selber führe, damit Sie diesen Hintergrund kennen, in ca. 90 % meiner Fälle für meine kleinen Mandantinnen und Mandanten Strafverfahren durch. Aber ein Strafverfahren darf auf keinen Fall der erste rechtliche Schritt sein. Denn das Strafverfahren ist keine Schutzmaßnahme sondern eine zusätzliche Belastung für das Kind.

Meines Erachtens bedeutet Schutz und Hilfe für ein sexuell mißbrauchtes Kind immer die räumliche Trennung vom Täter, weil nur so der Mißbrauch beendet werden kann. Das Zivilrecht ist so flexibel, daß alles was dem Kindeswohl dient, auch rechtlich möglich ist. Die rechtlichen Maßnahmen müssen ganz fein auf die psychologischen und pädagogischen Maßnahmen abgestimmt sein und zum richtigen Zeitpunkt kommen. Das Allerwichtigste ist aber erst einmal eine gute Dokumentation. Wenn beantragte Schutzmaßnahmen vom Gericht zurückgewiesen werden, so ist dies oft darauf zurückzuführen, daß der Fall für das Gericht nicht ausreichend, das bedeutet für JuristInnen und Sachverständige nachvollziehbar und deshalb überzeugend dokumentiert wurde. Jede Person, die Kontakt mit einem sexuell mißbrauchten Kind hat, sollte sich Notizen machen und tagebuchartig mit Datum wortwörtlich genau aufschreiben, was das Kind sagt. Auf der Rückseite von Zeichnungen muß ebenfalls wortwörtlich notiert werden, was das Kind zu dieser Zeichnung sagt und in welchem Zusammenhang die Zeichnung entstand. Über so dokumentierte Fakten können sich GutachterInnen und RichterInnen schwerlich hinwegsetzen.

Deshalb sollte man erst die rechtlichen Schritte einleiten, wenn man sich in seinem Team - man sollte nie alleine handeln - sicher ist, daß das gesammelte Material für das Gericht ausreichend und für eventuell vom Gericht beauftragte GutachterInnen auch nachvollziehbar ist. Ist man sich unsicher, so kann man die zuständige Vormundschaftsrichterin oder die zuständige Familienrichterin anrufen und in Form einer anonymen Fallbesprechung erfragen, wie sie den von uns geschilderten Fall sieht und ob die Beweislage für sie ausreichend ist. Das zuständige Gericht (Familien- oder Vormundschaftsgericht) und die Wahl der einzuleitenden Maßnahmen richtet sich danach, welche Person in Zukunft das Kind schützen wird. KATHLEEN FALLER (1991) schreibt, daß nach ihrer klinischen Erfahrung sich die Hälfte der Mütter, nach der Entdeckung eines sexuellen Mißbrauchs an ihrem Kind durch ihren Ehemann von ihm trennen. Ich glaube, daß das auch auf deutsche Mütter zutrifft. Vielleicht ist die Zahl sogar noch höher. Ist die Qualität der Mutter-Kind-Beziehung gut, so sind die Mütter auch bereit, ihre Kinder zu schützen. Aber die Frage ob überhaupt eine für das Kind befriedigende Mutter-Kind-Beziehung existiert, muß sorgfältig geprüft werden. Und dieser Punkt darf bei der Dokumentation nicht vergessen werden. Wird ein Kind sexuell mißbraucht, so konzentrieren sich alle Helferinnen und Helfer nur auf den sexuellen Mißbrauch und alle anderen schädigenden Einflüsse auf das Kind wie z.B. Vernachlässigung und körperliche Mißhandlungen werden überhaupt nicht mehr aufgeschrieben und an die Gerichte berichtet. Es ist also stets außerordentlich wichtig, alle für das Leben des Kindes wichtigen Fakten aufzuschreiben, die wahrgenommen werden konnten. Denn es hat keinen Sinn z.B. eine Mutter mit dem Schutz des Kindes zu beauftragen, die entweder den Schutz nicht leisten kann oder das Kind vernachlässigt oder mißhandelt. Die Mutter muß also in der Lage sein, das Kind zu versorgen und zu beschützen. Sie muß diese Aufgabe wahrnehmen wollen und können.

Ist der Täter der Ehemann der Mutter, so kann man beim Familiengericht eine Wohnungszuweisung erhalten. Ist der Täter also der Vater oder Stiefvater so kann das Familiengericht gemäß § 1361 b BGB der Mutter und den Kindern die Wohnung allein zuweisen. Der Ehemann darf die Wohnung nicht mehr betreten. So kann man über 1361 b BGB den räumlichen Schutz der Kinder sicherstellen.

Voraussetzung für eine Wohnungszuweisung nach § 1361 b BGB ist, daß das Zusammenleben mit dem Ehemann für die Ehefrau oder die Kinder eine schwere Härte ist. Bei sexuellem Kindesmißbrauch, oder körperlicher Mißhandlung der Mutter oder der Kinder ist eine solche schwere Härte gegeben. Die Rechtsprechung nimmt aber auch eine schwere Härte an, wenn der Ehemann exzessiv trinkt oder Frau und Kinder beschimpft. Werden Ehefrau und Kinder geschlagen, so könnte man sich überlegen, ob man den sexuellen Mißbrauch überhaupt vorträgt. Ich trage aber stets sofort den sexuellen Mißbrauch vor, weil ich ja auch ein Umgangsverbot gegenüber den Kindern später durchsetzen will. Der räumliche Schutz funktioniert immer dann über § 1361 b BGB, wenn ein Ehemann aus der Wohnung verwiesen werden soll. Dies ist also auch die richtige Schutzmaßnahme, wenn das Kind bei den Großeltern oder anderen Pflegeeltern lebt und der Großvater oder Pflegevater der Täter ist, und die Pflegemutter (Großmutter) das Kind schützen kann und will.

Vereinzelt hat die Rechtsprechung § 1361 b BGB auch auf nichteheliche Lebensgemeinschaften angewandt. Je länger die Ehepartner schon getrennt leben, um so leichter ist eine Wohnungszuweisung zu erhalten. Auch Frauen, die mit ihren Kindern bereits in Frauenhäusern wohnen, können später noch die Wohnungszuweisung beantragen. Die Wohnungszuweisung kann im Rahmen des Scheidungsverfahrens oder auch nach Abschluß des Scheidungsverfahrens nach der Hausratsverordnung beim Familiengericht beantragt werden.

Bei der Frage ob und an welchen Ehepartner die Ehewohnung zugewiesen werden soll, ist das Wohl der betroffenen Kinder immer ein wichtiger Gesichtspunkt. Parallel zum Verfahren auf Zuweisung der ehelichen Wohnung muß die Übertragung des alleinigen Sorgerechtes auf die Mutter beim Familiengericht beantragt werden. Hier muß man darauf achten, daß der Familienrichter oder die Familienrichterin sehr zügig die gesamte Personensorge überträgt, nicht nur das Aufenthaltsbestimmungsrecht. (Für den Entzug anderer Einzelteile als des Aufenthaltsbestimmungsrechts ist das Vormundschaftsgericht zuständig.) Denn man benötigt die gesamte Personensorge später z.B. für die Ausübung des Zeugnisverweigerungsrechtes im Strafverfahren. Es ist wichtig, die Familienrichterinnen darauf hinzuweisen. Denn oft wird im Eilverfahren nur das Aufenthaltsbestimmungsrecht übertragen. Das alleinige Sorgerecht muß aber immer dann übertragen werden, wenn die Eheleute nicht nur vorübergehend getrenntleben.

Es ist richtig, daß Eltern auch nach Trennung und Scheidung die Möglichkeit haben, weiterhin gemeinsam das Sorgerecht auszuüben. Das gemeinsame Sorgerecht darf den Eltern aber nur dann belassen werden, wenn es zwischen ihnen keinen Streit gibt, wenn beide Eltern für die Erziehung geeignet sind und in vernünftiger räumlicher Nähe wohnen. Nach meiner Erfahrung führt das gemeinsame Sorgerecht nach einer Scheidung stets dazu, daß der Streit zum Schaden der Kinder weitergeführt wird. Die Belassung des gemeinsamen Sorgerechts ist auch nur dann möglich, wenn beide Eltern damit einverstanden sind. Beantragt ein Elternteil die Übertragung der elterlichen Sorge auf sich, so muß die elterliche Sorge auf einen Elternteil übertragen werden.

Die rechtlichen Vorschriften geben also alle Möglichkeiten, das Kind zu schützen. In der Praxis wird es aber oft sehr schwierig, weil die Beweisfrage eine große Rolle spielt. Oft gibt das Gericht ein Sachverständigengutachten in Auftrag. Deswegen ist es so außerordentlich wichtig, daß man versucht die

Beweise zu sichern, in dem man wichtige Fakten und Details genauestens dokumentiert.

Die Mitwirkung an einem gerichtlich angeordneten Gutachten ist freiwillig. Und ich würde einer Mutter die Mitwirkung an einem Gutachten nur dann empfehlen, wenn diese Sachverständige sich tatsächlich mit dem Thema Mißbrauch auskennt. Es ist besser, die Mitwirkung an einem Gutachten zu verweigern als später ein Gutachten in der Gerichtsakte zu haben, das den Mißbrauch verneint. Dann wird es nämlich sehr, sehr schwierig. Für das Umgangs- und Kontaktverbot ist das Familiengericht zuständig, wenn sich das Verbot gegen den ehelichen Vater des Kindes richtet. Richtet sich das Verbot gegen den Stiefvater oder den nichtehelichen Vater, so ist das Vormundschaftsgericht zuständig. Wichtig ist hier, daß man die Richterinnen und Richter davon überzeugt, daß nicht nur das angeblich allein vom Mißbrauch betroffene Kind geschützt werden muß, sondern alle Kinder der Familie.

Beschließt das Gericht eine Umgangsregelung mit dem Vater, weil es den Mißbrauch für nicht bewiesen hält, so gibt es eine Vielzahl von Möglichkeiten, trotzdem den Umgang mit anwaltlicher Hilfe zu verhindern.

In den vielen Fällen wo die Mutter (unter Mutter verstehe ich immer die Hauptbezugsperson) nicht schützen kann und will ist § 42 KJHG (Kinder- und Jugendhilfegesetz) von Bedeutung. Wenn ein Kind oder ein Jugendlicher das Jugendamt darum bittet, es in Obhut zu nehmen dann muß das Jugendamt in Obhut nehmen. Was bedeutet das? Das Kind Anna A. oder Andreas A. geht zu seiner Lehrerin und erzählt, ich will nicht mehr nach Hause, weil ich geschlagen oder mißbraucht werde. Dann kann die Lehrerin das Jugendamt anrufen und das Jugendamt muß in Obhut nehmen, in dem es z.B. erklärt, das Kind wird bei der Lehrerin untergebracht, oder bei einer Tante, oder bei der Großmutter. Ein anderes Beispiel: Ein Kind ist im Krankenhaus. Die Ärzte und Ärztinnen stellen fest, das Kind ist mißbraucht worden. Die Eltern erfahren von der Diagnose und wollen das Kind mit nach Hause nehmen. Auch in diesem Fall kann das Krankenhaus das Jugendamt anrufen, worauf das Jugendamt das Kind in Obhut nimmt. § 42 KJHG gibt dem Jugendamt die Möglichkeit, schnell zu handeln. Es muß nicht mehr bis zur Anordnung des Vormundschaftsgerichts gewartet werden. Das Kind oder die Jugendliche hat einen Anspruch darauf, vom Jugendamt in Obhut genommen zu werden, wenn es darum bittet. Auch wenn das Kind sagt, ich will nicht nach Hause, weil es dort heute Abend etwas schreckliches zu Essen gibt. Das Jugendamt hat keine Möglichkeit, die Bitte auf Inobhutnahme abzulehnen. Das Jugendamt nimmt solange in Obhut, bis das Vormundschaftsgericht entschieden hat. Bis zur Entscheidung des Vormundschaftsgerichts übt das Jugendamt das Recht der Beaufsichtigung und der Erziehung aus. Das Jugendamt kann diesen Zeitraum dazu nutzen, mit dem Kind zu reden, um den Verdacht abzuklären. Es kann das Kind zu einer Ärztin oder zum Arzt bringen, um es untersuchen zu lassen oder auch eine kinderpsychologische Diagnostik in die Wege leiten. Widerspricht der Personensorge- oder Erziehungsberechtigte der Inobhutnahme des Kindes, so hat das Jugendamt gemäß § 42 Absatz 2, Satz 3 Nr. 2 KJHG unverzüglich eine Entscheidung des Vormundschaftsgerichts über die erforderlichen Maßnahmen zum Wohl des Kindes oder des Jugendlichen herbeizuführen. Der Begriff unverzüglich ist in § 121 BGB ausdrücklich definiert. Unverzüglich bedeutet rechtlich: "Ohne schuldhaftes Zögern" (§ 121, Absatz 1, Satz 1 BGB). Diese Definition gilt auch für § 42 KJHG. Unverzüglich bedeutet nicht sofort, sondern in angemessener Zeit. Obergrenze ist in der Regel die Zeit von zwei Wochen. Die angebliche 24-Stundenfrist für einen Bericht an das Gericht beruht auf einem Mißverständnis. Die 24-Stundenfrist bezieht sich auf eine freiheitsentziehende Maßnahme gegenüber einem Kind oder Jugendlichen. Freiheitsentziehende Maßnahmen sind ohne gerichtliche Entscheidung nach Ablauf des Tages nach ihrem Beginn zu beenden. Das bedeutet, wenn Sie ein suizidgefährdetes Kind geschlossen unterbringen, so müssen Sie am Ende des folgenden Tages die Genehmigung des Gerichts zur freiheitsentziehenden Maßnahme in der Hand halten.

Sie müssen also innerhalb einer angemessenen Zeit einen Erstbericht an das Vormundsschaftsbericht schicken. Nach diesem Erstbericht ist ja das Gericht gehalten, diesen Sachverhalt vollständig aufzuklären. Das Gericht darf die Inobhutnahme jedenfalls nicht einfach aufheben, weil ihm der Bericht des Jugendamtes nicht ausreichend erscheint. Vielmehr muß das Gericht von sich aus nun den Sachverhalt vollständig aufklären.

Vormundschafts- und Familiengericht sind verpflichtet im Kinderschutzverfahren den Sachverhalt vollständig aufzuklären (§ 12 FGG). Das Gericht muß von sich aus die Lebensumstände des Kindes vollständig erforschen (vgl. MARQUARDT, Sexueller Mißbrauch von Kindern und das Recht, 1993, S. 60).

Hat das Gericht den Sachverhalt nicht vollständig aufgeklärt, so ist dies ein Grund zur Beschwerde und wenn diese nicht zum Erfolg führt zur weiteren Beschwerde.

Die Beschwerde hat leider im FGG-Verfahren keine aufschiebende Wirkung, d. h. Sie müssen immer gleich mit der Beschwerde beantragen, daß die "Vollziehung" ausgesetzt wird. Wenn Sie die Beschwerde gut begründen, haben Sie gute Chancen, daß das Gericht die erstinstanzliche Entscheidung aussetzt. Ansonsten rate ich zur Zivilcourage. Das Jugendamt wirkt am gerichtlichen Verfahren eigenständig mit. Weisungen des Vormundschaftsrichters oder der Vormundschaftsrichterin unterliegt es nicht. Es ist sinnvoll, ein Kind anwaltlich vertreten zu lassen. Den Mitarbeiterinnen und Mitarbeitern des Jugendamtes wird es oft schwer gemacht, das Kindeswohl wirksam zu vertreten. Das über 14 Jahre alte Kind kann selbständig eine Anwältin aufsuchen und sie mit seiner Vertretung beauftragen. Das über 14 Jahre alte Kind kann auch selbständig Beschwerde einlegen (vgl. MARQUARDT, 1993, S. 81 ff. mit weiteren Nachweisen). Für das unter 14 Jahre alte Kind müßte die Beauftragung einer Anwältin oder eines Anwaltes über die Einrichtung einer Ergänzungspflegschaft erfolgen. Eine Ergänzungspflegschaft wird eingerichtet, wenn Personensorgeberechtigte und Kind verschiedene Interessen haben. Werden die Personensorgeberechtigten des Mißbrauchs am Kind beschuldigt oder decken sie den Täter, so haben Kind und Sorgeberechtigte verschiedene Interessen. In diesem Fall wird über § 1909, Absatz 1, Satz 1 BGB eine Ergänzungspflegschaft mit dem Wirkungskreis anwaltliche Vertretung eingerichtet (vgl. MARQUARDT 1993, S. 83 ff. mit weiteren Nachweisen, SALGO 1993). Ist das Kind arm, so bekommt es Prozeßkostenhilfe, ist es nicht arm, so müssen die Eltern die Anwältin bezahlen.

Bei einem über 14 Jahre alten Kind stelle ich übrigens auch immer Anträge für das Verbleiben der Geschwister. Das über 14 Jahre alte Kind kann sich ja auch an den Verfahren für die Geschwister beteiligen. Das finde ich ganz wichtig, denn vielen Jugendlichen ist es ein wichtiges Anliegen, ihre Geschwister zu schützen. So kann ich z. B. im Scheidungsverfahren der Eltern beantragen, daß auch das Sorgerecht für die Geschwister einem Vormund übertragen werden soll (§ 1671, Abs. 5 BGB). Die vom Vormundschaftsgericht eingesetzte Ergänzungspflegschaft oder Vormundschaft wird in der Regel auf das Jugendamt übertragen. Dies ist rechtswidrig. Das Jugendamt darf nur dann zum Ergänzungspfleger oder Vormund bestellt werden, wenn ein geeigneter Verein nicht zur Verfügung steht. Wiederum darf der Verein nur dann bestellt werden, wenn keine geeignete Einzelvormünderin zur Verfügung steht. Die Reihenfolge ist also einzelne Person, Verein und sozusagen als letztes das Jugendamt.

Man kann also das Jugendamt aus der Amtsvormundschaft oder Pflegschaft kippen, indem man beantragt, daß einem Verein oder Einzelvormund die Vormundschaft oder Ergänzungspflegschaft übertragen wird. Ebenso kann man den Verein loswerden, indem man eine geeignete Einzelperson vorschlägt.

§ 1666 BGB ist das, was JuristInnen als Gummibandnorm bezeichnen. Das Vormundschaftsgericht kann, wenn das Wohl eines Kindes gefährdet ist, nach § 1666 BGB alle Maßnahmen ergreifen, die erforderlich, geeignet und verhältnismäßig sind. So kann das Gericht die Personensorge entziehen und das

Kind räumlich getrennt von seinen Eltern unterbringen lassen. Bitte achten Sie darauf, daß gerade bei sexuellem Kindesmißbrauch die gesamte Personensorge und auch die Vermögenssorge entzogen werden. Gerade die Vermögenssorge ist für die Eltern von Jugendlichen ein Mittel, um Druck auszuüben. Auch gerichtliche Verfahren haben ihre eigene Dynamik. Erst sind alle sehr aufgeregt und bereit, alle Maßnahmen zum Schutze des Kindes zu treffen und dann langsam setzt das Nicht-glauben-wollen ein. Deswegen ist es wichtig, gleich zu Beginn alles durchzusetzen, was man durchsetzen kann. Ziel der rechtlichen Schutzmaßnahme ist immer, daß die Person, die nun den Schutz des Kindes übernimmt, auch die ganze rechtliche Verantwortung für es trägt.

§ 1666 BGB ermöglicht aber auch Maßnahmen gegenüber Dritten. Es ermöglicht das Umgangs- und Kontaktverbot gegenüber dem Nachbarn, dem Großvater, dem Pflegevater oder dem Stiefvater. Das Gericht kann dritten Personen den Umgang und den Kontakt mit dem Kind unter gleichzeitiger Androhung von Zwangsgeld ersatzweise Zwangshaft verbieten. Ich habe mit solchen gerichtlichen Verboten sehr gute Erfahrungen gemacht.

Das Amtsgericht Berlin-Tiergarten hat gerade einen Nachbarn aus seiner Wohnung gewiesen. Der Nachbar hatte Kinder aus dem Haus mißbraucht. Zum Schutz der Kinder war er aus seiner Wohnung gewiesen worden und es war ihm verboten worden, das Haus wieder zu betreten und sich den Kindern auf mehr als 100 Meter zu nähern (Amtsgericht Berlin Tiergarten, in MARQUARDT, 1993, S.49).

Eine weitere Schutzmßnahme ist § 1632, Absatz 4 BGB. Über 1632 Absatz 4 BGB kann das Gericht das Verbleiben des Kindes bei den Pflegeeltern anordnen. Das Gericht muß das Verbleiben bei den Pflegeeltern anordnen, wenn das Pflegekind in seiner Pflegefamilie sein Zuhause gefunden hat. In der Regel ist das spätestens der Fall, wenn das Kind zu seinen Pflegeeltern Papa und Mama sagt.

Um es nochmal zu betonen: im Mittelpunkt des zivilrechtlichen Verfahrens steht das Kind. Wenn möglich sollten die Bindungen des Kindes erhalten bleiben. Ich finde es immer ganz traurig, wenn man ein Kind plötzlich in ein Heim gibt, etwa gar ein kleines Kind, obwohl die Mutter eigentlich schützen kann und will. Das muß auf jeden Fall vermieden werden. Man sollte vorher genau prüfen, welche Person schützt und auf diese Person kann man dann die rechtlichen Maßnahmen beziehen.

Die Beweisfrage

Im Strafverfahren muß bewiesen werden, wer, wann, welche Handlungen gegenüber dem Kind vorgenommen hat. Im Zweifel, ist der Angeklagte freizusprechen. Im Strafverfahren geht es nicht darum, daß ein Täter ein Kind mißbraucht hat, sondern darum, daß dem Angeklagten mit ganz bestimmten in der Strafprozeßordnung vorgeschriebenen Mitteln seine Tat nachgewiesen wird. Und im Kinderschutzverfahren vor dem Vormundschafts- oder Familiengericht steht das Kind und sein Wohl im Mittelpunkt. Sowohl das Verfahren als auch die Schutzmaßnahmen müssen am Kindeswohl orientiert sein. Das Kindeswohl ist das höchste Ziel. Zweifelhafte Beweislagen dürfen nicht zu Lasten des Kindes gehen. Ich weiß, daß dies in der Praxis oft anders ist, aber es darf nicht sein, daß eine zweifelhafte Beweislage zu Lasten des Kindes geht. Wenn ein begründeter Verdacht im Verfahren nicht ausgeräumt werden kann, dann müssen Schutzmaßnahmen für das Kind eingreifen. Wobei eine solche zweifelhafte Beweislage eigentlich nur bei Kindern, die nicht reden können entstehen kann. Spricht ein Kind, so gibt es keine wissenschaftliche Begründung dafür, an der Aussage dieses Kindes zu zweifeln.

Und nun möchte ich noch einmal zum Strafverfahren zurückkommen. Das sexuell mißbrauchte Kind ist ganz besonders Objekt von erwachsenen Wünschen gewesen. Und deshalb finde ich es ganz wichtig, das Kind und seinen Willen in den Mittelpunkt des Verfahrens zu stellen. Das Strafverfahren ist immer eine Belastung für das Kind. Und deswegen initiere ich nur dann ein Strafverfahren, wenn das Kind die Bestrafung des Täters will. Ein Strafverfahren sollte man also nur dann in Gang setzen, wenn folgende Vorraussetzungen vorliegen: Das Kind wünscht, auch nach anwaltlicher Beratung über den Ablauf des Strafverfahrens die Bestrafung des Täters. Die Anwältin hat die Beweislage geprüft und hält das Strafverfahren für erfolgversprechend.

Ein Freispruch im Strafverfahren oder eine Einstellung des Verfahrens wirkt sich oft auch auf das Kinderschutzverfahren aus. Zwar dürfen die Zivilgerichte ihre Entscheidungen von den Entscheidungen des Strafgerichts nicht abhängig machen, leider geschieht dies aber dennoch oft. Die Zivilgerichte müssen eigentlich eine eigene Beweiswürdigung vornehmen, aber ein Freispruch oder sogar eine Einstellung des Verfahrens entwickeln ihre eigene Dynamik und setzen den Prozeß des Nicht-Glauben-Wollens in Gang. Kinder sind auch häufig ambivalent. Grundsätzlich sollte man also ein Strafverfahren nur durchführen, wenn das Kind die Bestrafung will. Führt man das Strafverfahren durch, so muß man folgendes beachten:

Je weniger das Kind vernommen wird, um so besser. Deshalb muß man sich genau überlegen, wie man den Sachverhalt den Ermittlungsbehörden zur Kenntnis bringt.

Diskussion

Frage/Anmerkung

Wie bringen Sie den Sachverhalt den Ermittlungshörden zur Kenntnis?

Marquardt

Da gibt es verschiedene Möglichkeiten. Manchmal möchten Jugendliche den Sachverhalt aufschreiben. Manchmal möchten sie es mir lieber erzählen und dann formuliere ich die Strafanzeige. Gelegentlich hat man auch schon eine kinderpsychologische Diagnose von einer Beratungsstelle. Ich überlege mir, wer das Kind mit wenig Schaden so befragen kann, daß der Sachverhalt anschließend so detailliert wie möglich schriftlich vorliegt. Es gibt auch die Möglichkeit, ein Kind gleich richterlich vernehmen zu lassen und anschließend wird für das Kind das Zeugnisverweigerungsrecht ausgeübt, wenn das Kind über ein Zeugnisverweigerungsrecht verfügt.

Vom Zeugnisverweigerungsrecht kann zu jedem Zeitpunkt des Verfahrens Gebrauch gemacht werden. Selbst wenn das Kind in der Hauptverwaltung steht und schon teilweise ausgesagt hat und es will auf einmal nicht mehr, so kann es sein Zeugnisverweigerungsrecht jederzeit ausüben und nach Hause gehen. Das bedeutet, daß man ein Strafverfahren jederzeit für das betroffene Kind abbrechen kann, wenn dieses über ein Zeugnisverweigerungsrecht verfügt.

Frage/Anmerkung

Wann hat man ein Zeugnisverweigerungsrecht?

Marquardt

Ein Zeugnisverweigerungsrecht besteht gegenüber nahen Verwandten, also z. B. Vater, Stiefvater, Bruder, Großvater, Mutter. Hat das Kind kein Zeugnisverweigerungsrecht, so muß man sich dennoch überlegen, wie man es davor schützt, nur einmal oder möglichst gar nicht vernommen zu werden.

So kann man z. B. das Verfahren auch mit einem Glaubwürdigkeitsgutachten eröffnen, wenn dies von der Staatsanwaltschaft angeordnet wird. Sowohl im Zivilrecht, wie im Strafrecht ist die Mitwirkung am Gutachten freiwillig. Ich sage den Kindern stets, wenn euch die Person gefällt und wenn ihr Lust habt mit dieser Person zu reden, so könnt ihr mit ihr reden und wenn ihr nicht reden wollt, dann schickt sie wieder weg. Das klappt ganz gut, weil ich denke, daß Voraussetzung für ein kompetentes Gutachten immer auch ein guter emotionaler Kontakt zwischen Gutachterin und Kind ist. Nur dann kann das Kind sich in einem so intimen Bereich öffnen. Vor jeder Vernehmung oder Aussage sage ich übrigens immer allen Kindern, du mußt nichts sagen, aber du kannst reden. Es ist leichter, für ein Kind auszusagen, wenn es weiß, daß es nicht sprechen muß.

Frage/Anmerkung

Ich habe noch eine Frage. Sie sagten, das Gutachten wäre freiwillig?

Marquardt

Ja.

Frage/Anmerkung

Können Gerichte Gutachten anordnen?

Marquardt

Die Gerichte können anordnen, aber das Kind wirkt freiwillig mit.

Frage/Anmerkung

Welche Auswirkungen hätte das, wenn ein Kind bei der Erstellung des Gutachtens nicht mitmacht?

Marquardt

Dann würde ich dem Richter schreiben, daß meine Mandantin nicht mitwirken will, weil ihr die Gutachterin unsympathisch war. Sie müssen jemand anderen beauftragen. Ich könnte genausogut schreiben, meine Mandantin ist nicht bereit an einem Glaubwürdigkeitsgutachten mitzuwirken. Sie ist der Auffassung, daß an ihrer Glaubwürdigkeit keine Zweifel bestehen können. Immerhin belegen alle Untersuchungen, daß Kinder, die sich zu Sexualdelikten äußern, glaubwürdig sind. Kinder sind viel zuverlässigere Zeugen als Erwachsene. Die Verweigerung des Gutachtens kann dazu führen, daß sich die Staatsanwältin weigert anzuklagen oder einstellt. Auch ein Gericht könnte einstellen oder freisprechen.

Frage/Anmerkung

.....wir erleben aber die Realitäten und die sind für uns ganz anders. Also wir haben einen aktuellen Fall. Da sind Glaubwürdigkeitsgutachten vor einem Jahr gemacht worden, bei einem Mädchen und die Sache sieht so aus: Die hatten dreimal eine öffentliche Sitzung und der Vater hat die Tochter sieben Jahre lang mißbraucht.

Auf Antrag hin kann die Anwältin der Nebenklage fordern, daß die Öffentlichkeit ausgeschlossen wird. In der o.g. aktuellen Sache ist dreimal abgelehnt worden und ich denke, es bleibt vieles theoretisch.

Marquardt

Das Gericht muß die Öffentlichkeit ausschließen, wenn eine Zeugin unter 16 vernommen wird (§ 172, GVG). Über 16 kann das Gericht die Öffentlichkeit ausschließen, wenn die Privat- oder Intimsphäre der Zeugin betroffen ist (§ 171 GVG). Hat das Kind ein Zeugnisverweigerungsrecht, so wird man ohnehin sagen, daß es dieses Zeugnisverweigerungsrecht ausübt, solange der Richter nicht die Öffentlichkeit und den Angeklagten ausgeschlossen hat.

Frage/Anmerkung

Ja das hört sich alles gut an. Die Realitäten bei Gericht sind aber anders.

Marquardt

Deswegen ist die anwaltliche Vertretung so wichtig. Dafür ist die Anwältin da. Sie soll für das Kind kämpfen und nicht dem Druck des Gerichtes erliegen. Verhandlunqen vor Gericht sind oft auch ein Kampf zwischen den Beteiligten. Da ist es gelegentlich sehr wichtig, dem Gericht zu zeigen, daß man mit mir als Anwältin nicht machen kann was man will. Man muß sich eben zunächst durch Auftrumpfen Respekt verschaffen. Ich rate meinen Mandantinnen zur Mitwirkung an einem Glaubwürdigkeitsgutachten, wenn das Gericht oder die Staatsanwaltschaft eine kompetente Gutachterin bestellt hat. Hat das Gericht z. B. Frau Dr. Lauffs, Frau Morbach, Frau Schinkel-Werner oder Frau Prof. Trapmann bestellt, so weiß ich sicher, daß diese Gutachterin meiner Mandantin während der Exploration keinen Schaden zufügen wird. Das positive Gutachten kann dazu führen, daß die Angeklagten gestehen, denn ein Geständnis, daß dem Opfer die Aussage vor Gericht erspart wirkt strafmildernd. Das bedeutet, daß ich die Frage, ob meine Mandantin in einem Gutachten mitwirkt in jedem Einzelfall aus taktischen Gesichtspunkten entscheide. Ich kann nicht meine Mandantin einem politischen Credo zum Opfer fallen lassen, verstehen Sie, sondern ich werde im Einzelfall überlegen, was das Gutachten für das Kind bedeutet und was ich dem Kind oder der Jugendlichen raten kann. Wenn eine Person mit dem Gutachten beauftragt wird, von der ich weiß, daß sie dem Kind ungläubig gegenüber tritt, was für Mädchen und Jungen eine unglaubliche Belastung ist, so rate ich stets zur Verweigerung der Mitwirkung.

Frage/Anmerkung

Wir haben noch drei Termine vor uns.

Marquardt

Es gibt Verfahren, die eine Woche oder viele Monate dauern. Ist anschließend die Revision des Angeklagten erfolgreich, so kann es passieren, daß nach einem Jahr die Hauptverhandlung wiederholt werden muß. Ich habe zuvor gesagt, daß das Strafverfahren eine Belastung für das Kind ist, und wenn ich weiß, daß in meinem Gerichtsbezirk die Kinder unter dem Verfahren sehr leiden, oder wenn ich sehe, daß ich mit diesem konkreten Fall Schwierigkeiten bekommen würde, dann würde ich nicht zum Strafverfahren raten. Das ist ja genau das, was ich Ihnen erklären wollte. Das Strafverfahren findet auf dem Rücken des Kindes statt und sollte nur durchgezogen werden, wenn man dem Kind klarmacht, was auf es zukommt und wenn das Kind so viel Wut hat, daß es das Strafverfahren auch will. Je länger die Kinder räumlich geschützt sind, um so mehr finden sie Zugang zu ihren Gefühlen der Wut und des Hasses und dann wollen sie meistens auch ein Strafverfahren. Aber es kann passieren, daß sich das Kind zum Zeitpunkt der Hauptverhandlung wieder in einem Stadium der Verdrängung befindet. Das Kind will nun einfach endlich nur Kind sein und spielen. Das Strafverfahren ist nicht auf diese Entwicklung angelegt. Und deswegen sollte man sich eben sehr gut überlegen, ob man ein Strafverfahren initiiert. Wenn man ein Zeugnisverweigerungsrecht hat, dann kann man das Strafverfahren für das Kind zu jedem Zeitpunkt beenden, indem man das Kind durch die Ausübung des Zeugnisverweigerungsrechtes dem Verfahren entzieht. Wenn man kein Zeugnisverweigerungsrecht hat, dann wird es schwierig.

Und nun zu den Ladungen, zur Vernehmung: Polizeiliche Ladungen kann man in den Papierkorb schmeißen, da braucht man nicht hinzugehen. Ladungen der Staatsanwaltschaft und der Richter zur richterlichen Vernehmung sind schon ernster. Aber diese sind gelegentlich nicht an die richtige Person adressiert. Sie müssen an die Sorgeberechtigten adressiert sein. Und sie wissen ja selber, wie oft das Sorgerecht noch gar nicht entzogen ist. Wenn z. B. das Sorgerecht noch beim Beschuldigten ist, dann müßte über diesen geladen werden. Also Ladungen sind auch häufig einfach falsch. Sie müßten an den Vormund adressiert sein und nicht an ein Jugendamt. Auch Ladungen an ein Heim sind nicht in Ordnung. Eine Minderjährige muß über die Sorgeberechtigten geladen werden. Die Sorgeberechtigten wiederum können nicht gezwungen werden, das Kind zu bringen. D.h. man kann Erzieher und Erzieherinnen im Heim nicht dazu zwingen, ein Kind zu bringen. Die einzige Möglichkeit eine Minderjährige zum Erscheinen zu zwingen, ist, so die herrschende Meinung, die polizeiliche Vorführung. D.h. es wird morgens sehr früh ein Polizeiauto geschickt und das Kind wird so zum Verfahren "abgeholt". Genau dies hat ein Dortmunder Vorsitzender vor zwei Jahren, glaube ich, einer Mutter angedroht. In einem sochen Fall muß man dafür sorgen, daß das Kind morgens nicht greifbar ist. Auch hier ist es wie immer wichtig, selber Mut zu haben. Mutig muß man sein und aufmüpfig und sich nicht von den Juristen und Juristinnen einschüchtern lassen. Wenn mir ein Vorsitzender androhen würde, er ließe ein Kind polizeilich vorführen, so würde ich ihm zunächst einmal erklären, daß die polizeiliche Vorführung für das Verfahren nicht sinnvoll ist. Ein Aachener Vorsitzender hat mir erzählt, daß er einmal ein Kind von der Polizei hat holen lassen. Das Kind hat sich im Polizeiauto und die ganze Zeit in der Hauptverhandlung nur übergeben. Aussagen konnte es nicht mehr. Man muß gegen eine solche Anordnung des Vorsitzenden, nämlich die polizeiliche Vorführung eines Kindes, sofort Rechtsmittel einlegen und bis dahin das Kind verstecken, wie in allen anderen Sachen auch. Und ich rate Ihnen, in dieser Sache bis vor das Bundesverfassungsgericht zu gehen. Denn ich halte die polizeiliche Vorführung eines Kindes für rechtswidrig. Das Kindeswohl ist eines der höchsten Rechtsgüter, geschützt durch Artikel 1 und Artikel 2 Grundgesetz und deshalb ist es dem Staat nicht erlaubt, ein Kind, das ohnehin schon geschädigt ist, durch ein Justizverfahren weiter zu schädigen.

Theoretisch gibt es noch eine zweite Möglichkeit. Man kann auch ein Kind an die Hand nehmen und sagen, paß mal auf, wir zwei gehen da hin. Wenn du in der Verhandlung nichts sagen möchtest, dann sagst du eben nichts. Einen Minderjährigen kann man nicht zur Aussage zwingen. Bei einem Jugendlichen ist das schon anders. Aber ein unter 14-jähriges Kind kann nicht zur Aussage gezwungen werden. Wenn es nicht reden will, so kann es nicht gezwungen werden. Da muß eben der Staatsanwaltschaft und dem Gericht die Stirn geboten werden. Man muß darauf achten, daß das Kind nicht eingeschüchtert wird. Weil im Laufe des Verfahrens für das Kind viele Probleme auftreten können, ist meines Erachtens anwaltliche Vertretung von Anfang an wichtig. Noch etwas: Alle Informationen gehen in die Strafakte. Alles was sich in den Akten befindet, kann vom Beschuldigten gelesen werden. Vormundschaftsakten können auch Teil der Strafakte werden. Es gibt keine anonymen Hinweise an die Polizei. Damit meine ich, alles was man Polizei, Staatsanwaltschaft oder dem Gericht erzählt, wird in der Akte niedergelegt und kann hinterher gelesen werden.

Frage/Anmerkung

Wie sieht das praktisch aus?

Marquardt

Ich überlege mir sehr genau, was ich z. B. einer Kripobeamtin erzähle. Ich muß mir darüber im Klaren sein, daß das ein rechtsstaatliches Verfahren ist, und daß sie deshalb meine Informationen hinterher in einer Aktennotiz niederlegen wird.

Frage/Anmerkung

Wenn ein Kind aufgedeckt hat, ein positives Glaubwürdigkeitsgutachten angefertigt wurde, das Kind in der Hauptverhandlung aber schweigt oder sein Zeugnisverweigerungsrecht in Anspruch nimmt, ist dann das Verfahren zu Ende oder reichen dann die anderen Aussagen aus?

Marquardt

Nach Ausübung des Zeugnisverweigerungsrechtes sind alle zuvor vom Kind gemachten Aussagen einschließlich der im Gutachten gemachten Angaben wie nicht vorhanden. Nur richterliche Vernehmungen haben Bestand, weil die Richterin als Zeugin in der Hauptverhandlung vernommen werden kann. Auch eine Vernehmung bei der Vormundschaftsrichterin oder einem Familienrichter kann eine richterliche Vernehmung sein, wenn bestimmte Formalien eingehalten wurden. Eben wurde ich gefragt, wie bringe ich den Sachverhalt zu den Strafverfolgungsbehörden. Ganz wichtig ist, kein Strafverfahren ohne den Willen des Kindes, aber die Beweise müssen so gesichert werden, daß ein Strafverfahren jederzeit möglich ist. Und es ist eine Möglichkeit, daß man die Anhörung der Vormundschaftsrichter oder bei der Familienrichterin als richterliche Vernehmung gestaltet. Dazu gehört, daß der Richter das Kind ausdrücklich über sein Zeugnisverweigerungsrecht belehrt und dies auch im Protokoll vermerkt und dem Kind auch sagt, daß es nicht reden muß, und daß seine Aussage dazu führen kann, daß sein Stiefvater oder seine Mutter bestraft werden können.

Man könnte also die Anhörung beim Familien- oder Vormundschaftsgericht so gestalten, daß sie als richterliche Vernehmung gewertet werden kann. Anschließend macht man dann für das Kind vom Zeugnisverweigerungsrecht Gebrauch. Ich habe das noch nicht durchgeführt. Es gibt eben viele Möglichkeiten, die man nutzen kann und einfach einmal ausprobieren sollte. Wenn das Kind sein Zeugnisverweigerungsrecht ausübt und es ist vorher nicht richterlich vernommen worden, so sind alle anderen Aussagen und das Glaubwürdigkeitsgutachten für das Strafverfahren wie nicht vorhanden. Alle Aussagen in vernehmungsähnlichen Situationen sind dann wie nicht vorhanden und deshalb für das Strafverfahren nicht verwertbar. Der Zeugin soll also bis zuletzt nicht die Möglichkeit genommen werden, ihre Angehörigen zu schützen. Mit einer richterlichen Vernehmung nehmen wir dem Kind die Möglichkeit frei darüber zu bestimmen, ob sein Vater oder seine Mutter bestraft werden sollen. Und deshalb muß man mit dem Instrument der richterlichen Vernehmung sehr verantwortungsbewußt umgehen und sollte das Kind vor allem auch nicht betrügen. Es sollte ihm ganz klar gesagt werden, daß seine Aussage jetzt zu einer Bestrafung des Vaters oder Stiefvaters führen kann.

Das Vormundschaftsgerichtsverfahren will ja zunächst nur schützen und das Kind mit der Frage, ob seine Eltern bestraft werden sollen, noch gar nicht belasten. Und deswegen sollte man es vielleicht vermeiden, daß die Anhörung beim Vormundschaftsgericht so wasserdicht wird, daß sie für ein Strafverfahren ausreicht.

Frage/Anmerkung

Muß man bei der Kriminalpolizei aussagen?

Marquardt

Nein, muß man nicht. Niemand braucht das.

Frage/Anmerkung

Wenn ich von der Kriminalpolizei eine Vorladung erhalte, muß ich dann erscheinen?

Marquardt

Sie brauchen erst gar nicht hinzugehen. Die Ladung schmeißen Sie in den Papierkorb! Das ist einfach eine taktische Frage, verstehen Sie? Wenn wir hier eine Kripo haben, mit Beamten und Beamtinnen, die besonders fortgebildet sind, so mag die Vernehmung durch die Kripo das Beste sein. Personen, die beruflich mit Strafverfolgung zu tun haben, vernehmen meistens ganz gut. Es kommt darauf an, welchen Zugang jemand zu seinen eigenen Verletzungen als Kind hat, und sich deshalb einfühlen kann in das Erleben eines Kindes. Wenn ein Staatsanwalt oder ein Kripobeamter Zugang zu seinen eigenen kindlichen Verletzungen hat, dann ist er möglicherweise eine viel bessere vernehmende Person, als irgend jemand anders. Weil er dann gegenüber anderen Berufen einen entscheidenden Vorteil hat, er hat ständig mit Mißbrauch zu tun und weil ihn das alles nicht mehr schockiert, signalisiert er dem Kind auch nicht, ich kann das nicht ertragen, weil er es ertragen kann. In meinen Akte befindet sich viel Folter und Gewalt. Viele PsychologInnen kennen Gewalt und Folter in der Familie kaum und ich vermute, daß sie sie nicht kennen, weil sie es nicht hören wollen. Wenn man die Gewalt erträgt, dann wird auch über sie erzählt.

Ich denke, wenn man sich eine Person aussucht, die das Kind vernehmen soll, dann muß es eben eine Person sein, die Kinder nicht nur liebt, sondern auch all diese schrecklichen Dinge hören kann und dem Kind zu verstehen gibt, du darfst darüber reden. "Ich habe viele solcher Verfahren. Mir macht das nichts aus." Aber jede Vernehmung ist belastend für ein Kind. Daran geht kein Weg vorbei.

Immer wieder hebt das Bundesverfassungsgericht Urteile unterer Instanzen auf, weil sie die Grundrechte von Kindern auf eine gesunde Entwicklung auf Artikel 1 und Artikel 2 Grundgesetz verletzen. So ist z. B. ein Urteil des Oberlandesgerichtes Köln aufgehoben worden, weil das Gericht das Recht auf rechtliches Gehör auf Artikel 103 Grundgesetz verletzt hatte. Nicht-Juristinnen unterschätzen die Fehlerquellen von Urteilen, die zur Aufhebung der Entscheidung führen können. So müssen z. B. bestimmte Personen, Kind, Eltern, Pflegeeltern zwingend angehört werden. Viele Gerichte kommen auch ihrer Pflicht zur Aufklärung des Sachverhalts nicht nach. Sie delegieren z. B. diese Aufklärungspflicht an eine Sachverständige oder das Jugendamt. Im Grunde müßten auch Vormundschaft- und Familiengerichte alle Leute hören, die zum Mißbrauch des Kindes etwas sagen könnnen. Dies wird in der Regel nicht gemacht. Es müßte eine ausführliche Beweisaufnahme stattfinden. Aber in der Regel wird diese Aufklärung an eine Sachverständige delegiert. Ob dies überhaupt zulässig ist, ist zumindest fragwürdig. Meines Erachtens müßte das Gericht alle möglichen Zeugen hören.

Frage/Anmerkung

Wir haben Fälle, wo der Familienrichter gesagt hat: "Ich kann die Akte nicht hierbehalten, ich muß sie weitergeben."

Marquardt

Man kann die Richter nicht daran hindern, eine Akte an die Staatsanwaltschaft zur Einleitung eines Strafverfahrens weiterzugeben. Aber man sollte versuchen, mit ihnen über diesen Punkt zu diskutieren.

Frage/Anmerkung

Ist der Familienrichter dazu verpflichtet?

Marquardt

Nein, aber er kann.

Frage/Anmerkung

Ist die Kriminalpolizei verpflichtet?

Marquardt

Ja, die Kriminalpolizei ist zur Einleitung eines Ermittlungsverfahrens verpflichtet, wenn sie vom Verdacht sexuellen Kindesmißbrauchs erfährt. Das ist nun genau der Punkt. Wenn jemand zur Polizei geht, beginnt das Strafverfahren.

Frage/Anmerkung

Kann ich als Jugendamtsmitarbeiter mit dem Vormundschaftsrichter aushandeln, daß er die Akte nicht weitergibt?

Marquardt

Ja, man müßte dem Vomundschaftsrichter einfach erklären, welche Belastung ein Strafverfahren für das Kind bedeutet. Im übriqen führt eine Stellungnahme von Frau Prof. Gisela Zenz im Bundestag sehr überzeugend aus, daß ja in dem Moment, wo ein Strafverfahren beginnt, andere Leute, die vor dem Vormundschaftsgericht unter Umständen etwas sagen würden, dicht machen. Denn wenn ein Strafverfahren beginnt, so ist die Loyalität in der Familie sehr groß. Während ein geschickter Vormundschaftsrichter oder eine geschickte Familienrichterin durch eine geschickte Befragung, halbe oder auch ganze Geständnisse erfährt, die für das Kinderschutzverfahren ausreichen.

Frage/Anmerkung

Eine Kollegin von mir betreut ein 12-jähriges Mädchen, die vom Lebensgefährten der Mutter mißbraucht wurde. Das Mädchen hat einen Strafantrag gestellt. Es ist ein Gutachten angeordnet worden. Die Gutachterin ist zu dem Ergebnis gekommen, daß alles Lüge ist. Das Verfahren ist eingestellt worden. Welche Möglichkeiten hat man jetzt noch?

Marquardt

Jetzt ist es wahrscheinlich zu spät. Denn hier gibt es kurze Fristen. Man kann Beschwerde gegen den Einstellungsbeschluß der Staatsanwaltschaft einlegen. Strafverfahren werden schnell eingestellt. Ganz besonders wenn Kleinkinder Opfer sind. Auch werden den Kindern die Folgen der Tat, nämlich Abgleiten in die Phantasie oder Verwirrung über den Tatablauf zu ihrem Nachteil ausgelegt.

Frage/Anmerkung

Was kann man tun, wenn die Beschwerde gegen die Einstellung keinen Erfolg hat?

Marquardt

Es gibt ein Klageerzwingungsverfahren. Aber mit einem negativen Glaubwürdigkeitsgutachten hat man sicher sehr schlechte Karten.

Frage/Anmerkung

Das Mädchen ist sehr deprimiert.

Marquardt

Das ist eben der Punkt. Ein schiefgegangenes Strafverfahren und vor allen Dingen ein negatives Glaubwürdigkeitsgutachten ist für das Kind verheerend. Wenn dann auf 10 Seiten ausgeführt wird, warum das Kind nicht glaubwürdig ist, so mag dies für ein Kind etwas sein, das es für das ganze Leben nicht aus der Welt schaffen kann. Genau dies sind die Probleme des Strafverfahrens. Beim zivilrechtlichen Verfahren würde ich Ihnen sagen, o.k. versucht mal jetzt ein Privatgutachten zu organisieren. Natürlich kann man ein Gutachten "auseinandernehmen". Aber da müssen Sie erst einmal jemanden finden, der Ihnen dabei hilft, der das tut und das neue Gutachten bezahlen. Und ein neues Gutachten ist für ein Kind eigentlich auch eine ziemliche Strapaze, weil wahrscheinlich noch einmal ein Gerichtsgutachten nötig wäre, um zum Ziel zu kommen.

Frage/Anmerkung

Aber das Kind muß dann doch nicht persönlich begutachtet werden, es muß doch dann kein neues Gutachten angefertigt werden.

Marquardt

Das stimmt. Theoretisch ist es so, daß die Gerichte auch ohne Gutachten über die Glaubwürdigkeit von Zeugen entscheiden könnten. Das tun sie ja auch bei einer alten Oma, die kaum sehen kann. Wenn die alte Oma sagt, das war derjenige, der mir die Geldbörse aus der Tasche gezogen hat, dann wird auch kein Glaubwürdigkeitsgutachten eingeholt. Die Richter sehen sich selbst in der Lage, die Glaubwürdigkeit dieser Zeugin zu beurteilen. Und eigentlich müßten nur Zeugen, die problematisch sind, die also psychiatrisch auffällig sind oder Kleinkinder begutachtet werden, weil dazu die Richter (die Juristen) nicht in der Lage sind. Andere Zeugen müssen nicht begutachtet werden. Man kann für einen Einzelfall kein Rezept geben, weil es so schwierig ist.

Frage/Anmerkung

Z. B. mit der Oma möchte ich anmerken: Es wird in diesem Fall nicht angezweifelt, daß der Oma Geld aus der Tasche gezogen wurde?

Marquardt

Sehr richtig, ja.

Frage/Anmerkung

Was mich stört an dem Glaubwürdigkeitsgutachten ist, daß überprüft wird, ob das Kind glaubwürdig ist oder ob es eine überhöhte Phantasie hat.

Marquardt

Ja, genauso ist es. Es gibt eben ein uraltes Vorurteil: Frauen und Kinder lügen, wenn es um Sexualität geht. Es gibt Untersuchungen, die belegen, daß Richter das oft immer noch so sehen.

Literatur

FALLER, K., zit. nach FEGERT, J.: Sexuell mißbrauchte Kinder und das Recht, Bd. 2, Köln 1993.

MARQUARDT, C.: Sexuell mißbrauchte Kinder und das Recht, Bd. 1, Köln 1993.

SALGO, L.: Der Anwalt des Kindes, Köln 1993.

Udi-Jutta Schneewind

Grundzüge der Kindertherapie mit sexuell mißbrauchten Mädchen und Jungen

1. Themenstellung

Sexueller Mißbrauch, sexuelle Mißhandlung, sexuell mißbrauchtes Kind. Die Worte stehen jetzt im Raum. Ihr Klang im Ohr ist erloschen. Der Nachklang ist über die Atmosphäre, die er erzeugt, in uns; und wenn Sie es zulassen, werden Szenen erstehen, denen Sie folgen mögen in Ihrem Erleben, indem Sie sich distanzieren, sich schützen, sei es durch einen bewußten kognitiven Akt, sei es mit dem unmerklichen Einsetzen der Anästhesierung des Grauens, der Aufregung und der Angst, die uns befallen, wenn wir unsere psychophysische Integrität bedroht erleben oder unsere innere Zensur gegen tabuisierte Erregung angegriffen spüren; je nachdem wo uns unsere aus unserer Lebensgeschichte gewachsenen identifikatorischen Kräfte hinziehen und wie stark wir uns gegen diese Bewegung wehren müssen.

Dieses Geflecht innerer Betroffenheiten und deren Abwehr, das uns beim Thema des sexuellen Mißbrauchs gefangen nimmt, möchte ich Ihnen auf der Symbolebene nahebringen. Es mag dies eine Einstimmung in das Thema der Psychotherapie sexuell mißbrauchter Jungen und Mädchen sein, über das wir gemeinsam nachdenken wollen. Wie nah oder wie fern Sie den dadurch evozierten Szenen, Gefühlen und Körperresonanzen bleiben wollen, welche Distanz Sie wählen zwischen der Position Ihrer Empathie oder vielleicht auch realen Betroffenheit und dem Geschehen hier, mögen Sie jeweils entscheiden und dabei beachten, wie gut Ihnen diese Regulierung gelingt, die so zentral für den Therapeuten ist, der sich mit dem Thema befaßt.

Wir begeben uns in das Sprechzimmer einer Mitarbeiterin einer Kinder- und Jugendpsychiatrischen Ambulanz. Eine Familie ist zum Erstgespräch angemeldet. Dem Hauptschullehrer des ältesten Kindes, eines elfjährigen Mädchens, nennen wir Sie Nicole, fiel die Zurückgezogenheit des Kindes auf. Das Mädchen trug im Turnunterricht stets einen Trainingsanzug und weigerte sich, sich leichter anzuziehen. Gelegentlich nässe sie im Unterricht ein, was dann jeder sehen könne und sehr peinlich sei. Die Motorik des Mädchens sei verhalten, verkrampft. Viele Übungen im Turnunterricht mache das Kind nicht mit, weil es Angst habe. Die Schulleistungen fielen seit geraumer Zeit ab. Der Lehrer habe sich dem Kind vermehrt zugewandt, weil er es habe unterstützen wollen. Dies erzeuge aber den Neid der Mitschüler, so daß Nicole unter Druck gesetzt und wegen des Einnässens verspottet werde. Der Lehrer wandte sich an die schulpsychologische Beratungsstelle, doch Nicole war verschlossen und verhielt sich mutistisch. Die Familie habe angesetzte Termine immer wieder abgesagt. Die Mutter des Kindes sei einmal dorthin gekommen und habe sich über die Frechheit der Tochter beklagt; diese verweigere die ihr aufgetragenen Beaufsichtigungen der jüngeren Geschwister plötzlich und laufe weg. Niemand wisse, wo sie sich herumtreibe. Die Familie gelangt über die Vermittlung der Schulpsychologin in die Klinikambulanz, nachdem das Mädchen so plötzlich auf die Straße gerannt war, daß ein Motorradfahrer nicht mehr bremsen konnte und das Kind anfuhr. Fahrer und Kind waren leicht verletzt. Die Kollegin sagt, sie fühle sich mit dem Fall überfordert, habe ein ungutes Gefühl und verweist an die Klinik.

Die Familie besteht aus Nicole, ihrer leiblichen Mutter, deren zweitem Ehemann, mit dem sie seit 6 Jahren verheiratet ist, dem fünfjährigen Mädchen und dem dreijährigen Sohn aus dieser Ehe, die bis auf gelegentliches fremdaggressives Verhalten des Mädchens im Kindergarten unauffällig seien.

Beim Familiengespräch fällt auf, daß der Junge sprachretardiert ist. Die Mutter arbeitet als Krankenschwester in der Nachtwache. Der Stiefvater Nicoles ist in der Industrie als Betriebsschlossermeister in Wechselschicht tätig. Der leibliche Vater des Mädchens ist unbekannten Aufenthaltes. Später stellt sich heraus, daß er in Haft war wegen alkoholbedingter Verkehrsdelikte und daß er gegen Nicole und deren Mutter gewalttätig gewesen war. Es bestand seit der Trennung der leiblichen Eltern Nicoles kein Kontakt mehr zu diesem Mann. Nicole war damals ein Jahr alt.

Die Kollegin in der Klinikambulanz hat keine Vorinformation von Seiten der Familie, da es sich nach dem Unfall des Mädchens um eine Konsultation im Rahmen des Notdienstes handelt. Die Aussagen des Lehrers liegen vor. Die Kollegin ist Berufsanfängerin. Nach dem praktisch-ärztlichen Jahr ist dies ihre erste Stelle.

Erstgespräch

Vielleicht schauen Sie sich die Szene an: und erleben, wohin, zu wem ihr Augenmerk, ihre Identifikation als erstes hingeht, von wo oder von wem sie wegstrebt. Stellen Sie sich in die Schuhe der Person, mit der sie sich intuitiv in erster Hand identifizieren. Spüren Sie Ihre Resonanzen, Ihr Körperempfinden, Ihre Gefühle, Ihre Gedanken. Welche Szenen entstehen dabei, welche Fantasien darüber, was in dieser Familie ist, was da geschieht, welche Lebensgeschichten die Einzelnen wohl haben. All diese Faktoren fließen in der Situation zusammen, mit der sich die Kollegin konfrontiert sieht, mit ihrem eigenen Empfinden, biographischen Hintergrund, mit ihrer eigenen Familien- und Klinikerfahrung. All diese Wirkkräfte gebären im Fokus ihrer Überschneidungen die Atmosphäre dieser Szene.

Ich überlasse es Ihren Fantasien, wie Sie sich den Verlauf der Familiensitzung vorstellen mögen.

2. Aspekte der psychosozialen Versorgungssituation für Intervention bei sexuellem Mißbrauch

Sehen wir uns um in der Fachliteratur zum Thema des sexuellen Mißbrauchs, betrachten wir die Hilfsangebote psychosozialer und ärztlicher Dienste, wenden wir uns den Selbsthilfegruppen zu, die sich für Betroffene gebildet haben, und blicken wir den Psychotherapeuten über die Schulter, die sich mit der Behandlung von Opfern, Tätern und Familien befassen, so stellen wir fest, daß dieses Thema des sexuellen Mißbrauchs ein auch für Helfer hochbrisantes ist, weil es die Bedrohung, Verletzung und Zerstörung leiblicher, seelischer und geistiger Integrität beinhaltet und somit heftige Emotionen und Involvierungen bei denen hervorruft, die sich damit beschäftigen. Das Tätigsein vor allem im Dienste der Opfer, handle es sich nun um Erwachsene, Jugendliche oder Kinder, bietet die Möglichkeit, sich eigenen Grenzerfahrungen und Verletzungen zuzuwenden und eigene Erfahrungen als Opfer zu bearbeiten, indem man sich zum Anwalt der Opfer macht. Wer eigenes Ohnmachtserleben bewältigen will, indem er oder sie sich in die Position dessen begibt, der per Kontroll- oder Helferbefugnis die Macht hat, in eine Situation des Mißbrauchs einzugreifen und sie, was den Tataspekt betrifft, zu unterbrechen, wird letztlich in derselben Ohnmachtsposition landen, die dem Opfer und dem nicht aktiv beteiligten Elternteil eigen ist. Das heißt auch, zum Täter werden, indem ich Taten setze und zu Taten anrege, die dem Opfer mehr Schaden zufügen als Hilfe bieten, sich aus den Beschädigungen des Mißbrauchs herauszuentwickeln.

Großes Engagement für das Thema des sexuellen Mißbrauchs finden wir vor allem von feministischer und kinderschützerischer Seite. Beide Bewegungen machen auf die Not des Mißbrauchsopfers aufmerksam, beide holen ein Tabu vor Augen der Öffentlichkeit, das nach wie vor zum Schatten des Lebensbereiches Sexualität gehört, auch im Licht des aufklärerischen Potentials sexueller Liberalisierung.

Frauen kämpfen um ihre Befreiung aus tradierten Geschlechtsrollendefinitionen. Sie kämpfen oft gegen den Mann, damit übersehend, daß diese Definition für beide Geschlechter gemeinsam reflektionswürdig ist und daß mögliche Veränderungen nicht durch Polarisierung geschehen können - obwohl diese zur Klarstellung vielleicht unumgänglich war - sondern daß wir nur im Dialog unserem Ziel näher kommen. Kinderschützer machen wach für die Tatsache, daß das Gesetz auf die Rechte der Eltern verweist, nicht aber das Recht des Kindes auf mündige, hinreichend emotional und sozial entwicklungsfördernde und verantwortliche Eltern festschreibt.

Die Betrachtung dieser beiden wichtigen Engagements wirft eine der wesentlichen Fragen der Therapie und Krisenintervention bei sexuellem Mißbrauch auf: Wo verankern wir uns als psychosoziale Helfer? Sind wir opferparteilich oder betonen wir die Notwendigkeit der Allparteilichkeit, wie sie uns von familientherapeutischer Seite als systemische Sichtweise nahegelegt wird?

3. Verortung des eigenen Standpunktes

Sexueller Mißbrauch und seine Folgen als Problem und Aufgabe psychosozialer, ärztlicher, juristischer und psychotherapeutischer Intervention enthält so viel emotionalen Sprengstoff und deshalb so viele methodischtechnische Fallstricke für den Intervenierenden, daß der Wert überlegter, empirisch fundierter Zugehensweisen besonders hoch einzuschätzen ist. Emotionales und soziales Engagement ist nötig. Der psychosoziale Intervenierende braucht ein resonanzfähiges Herz und einen analytisch-strategischen Verstand. Ohne eine in den realen, authentischen Gefühlen des Subjekts wurzelnde Sympathie und Beziehungshaftigkeit ist Therapie nicht heilsam. Kinder brauchen Schutz, weil sie abhängig und als unfertig Entwickelte besonders verletzlich sind. Sie brauchen Liebe, Engagement und orientierende Struktur, weil sie wachsende Menschen sind. Sie brauchen vor allem Berücksichtigung der Realität ihres Status als Abhängige, deren Gedeihen existentiell gründet in der hinreichenden Fülle und Stabilität ihrer Beziehungswelt, sowohl der inneren wie der äußeren Welt, der gegenüber sie noch nicht autonom sind.

Meine nachfolgenden Ausführungen, in denen ich auf einige zentrale Grundfragen der Psychotherapie sexuell mißbrauchter Kinder eingehen möchte, beziehe ich auf den Standpunkt, daß alle Interventionen in diesem Feld so gestaltet sein müssen,

- daß sie die Realität des Kindes als ein sich noch zum Erwachsenen entwickelndes und deshalb besonders verletzliches und störbares Wesen berücksichtigen;
- daß sie mit der Loyalitätsabhängigkeit des Kindes von seinen bedeutungsvollen Anderen, vor allem von seinen Eltern, gehen; mit der realsozialen sowie mit der realemotionalen Abhängigkeit von diesen Personen im Hinblick auf die sich formierende Innenwelt und ihre Bilder, die das Beziehungsverhalten zu sich selbst und zu Anderen bestimmen;
- daß sie eine hinreichende Möglichkeit bieten für spätere Integration von Verletzungen, Abspaltungen und Zerbrochenem - vor allem im Bereich der Innenwelt;
- daß diese Interventionen die Prägnanz und die Effektivität haben, die nötig sind, um die Verwirrung in der Familie durch Grenzsetzungen aufzuklären, elterliche Verantwortlichkeiten klar zuzuweisen, die Schuldkonten zu bereinigen und das Kind vor weiterem Mißbrauch zu schützen;
- daß sie den Rahmen des Gesetzes berücksichtigen und sich innerhalb dieses Rahmens bewegen.

Wie alle Bereiche psychosozialer Intervention, die sich mit Grenzerfahrung befassen, erfordert das Gebiet des sexuellen Mißbrauchs Standpunktverortung des Helfers. Als so Orientierter betritt er die Innen- und Außenwelt des Kindes und richtet seine Interventionen so aus, daß sie den Entwicklungsnotwendigkeiten dieses einzelnen Kindes in diesem speziellen jeweiligen sozialen und familialen Kontext gerecht wird und die kindliche, jugendliche und in der Vorwegnahme der Zukunftsperspektive erwachsene Entwicklung so gut wie möglich fördert. Dies ist eine Rolle, die den Terminus "Anwalt des Kindes" differenziert in Anwalt der Entwicklungserfordernisse des Kindes in seinem sozialen Kontext und in seinem Lebenskontinuum. Differenzierung heißt Relativierung und Moderierung polarisierter ideeller und emotionaler Standpunkte. Sie heißt nicht, daß wir uns als Helfer um ein Jota wegbewegen müssen von jener leidenschaftlichen Sprache des Herzens, die Leid mitträgt und jener Zärtlichkeit, die gute Berührung und Berührtheit trägt.

Ich habe ethische Fragen an den Anfang gestellt, weil ich glaube, daß sie für therapeutisches Handeln überhaupt und für therapeutisches Handeln mit Kindern und in Bereichen von Grenzerfahrungen besonders wichtig sind. Als Therapeuten von Kindern übernehmen wir immer auch ein Stück elterlicher Verantwortung, und sei es auch nur für die Dauer der Therapiestunde, in der das Kind unserer Obhut anvertraut ist.

4. Zur Organisation psychosozialer Intervention bei sexuellem Mißbrauch im Kindesalter

Der psychotherapeutische Prozeß selbst und erst recht seine Einleitung nach der ersten Anmeldung bis zur Indikationsstellung zu einer Einzelbehandlung ist unlösbar gebunden in seinen Kontext. Einige kontextuelle Faktoren, deren Kenntnis und Berücksichtigung mir für Therapiegestaltung und -verlauf unerläßlich erscheinen, möchte ich hier skizzieren.

4.1 Einflußgrößen für den Verarbeitungsmodus von sexuellem Mißbrauch

Diagnostik und Therapie von Opfern sexuellen Mißbrauchs zeigen, daß dieses schwere Trauma leibseelischer und sozialer Integrität sehr unterschiedlich verarbeitet werden kann. Einige Betroffene zeigen eine bemerkenswerte Widerstandskraft, andere, vor allem Jugendliche und Erwachsene, erscheinen und sehen sich unwiderruflich behindert in ihrer psychosexuellen und sozialen Beziehungsfähigkeit zu sich, zu anderen und vor allem zum anderen Geschlecht. - Die Bewältigungskapazität gegenüber einem Trauma ist das

Ergebnis eines komplexen Bedingungsgefüges. Auf einige dieser Bedingungen möchte ich eingehen.

4.1.1 Prätraumatische Bedingungen

Wie ist die äußere und innere Welt des Kindes vor dem sexuellen Mißbrauch beschaffen? Wie war das frühe Sozialisationsklima, wie sah insbesondere die frühe Mutter-Kind-Beziehung aus und ihre Verinnerlichung im Wachstum eines hinreichend positiv besetzten kohärenten Selbst und in der Entwicklung funktionaler Ichstrukturen und der entsprechenden Abgrenzungsfähigkeit? Welche Vorbedingungen finden sich bei den Eltern und in ihrem Kontext? Hier sind die Persönlichkeitsstrukturen der Eltern wichtig, weil sie die Interaktionen mit dem Kind steuern und somit die Qualität der Innenwelt des Kindes, der Objektbeziehungen, bestimmen. Wie ist bei längerandauerndem intrafamilialem Mißbrauch die Motivation des Täters strukturiert? Wie hoch sind auslösergebundene Anteile, wie stark ist die narzißtische Störung, sind Frühschädigungsanteile und ichstrukturelle Defizite?

Schauen wir auf unser Beispiel: Folgende klassische Konstellation, von der unsere Kollegin vorerst nichts weiß und die erst langsam im Lauf der Zeit deutlich wird: Nicoles Mutter war in ihrer Beziehungserfahrung zu ihrem Vater früh beeinträchtigt. Er verunglückte bei der Arbeit als Dachdecker und lebte danach noch einige Jahre querschnittsgelähmt. Er trank zunehmend und beging nach einigen Jahren Selbstmord, als Nicoles Mutter 7 Jahre alt war. Sie wuchs im Haus der Großeltern auf. Die Mutter arbeitete. Sie war eine überforderte, emotional eher kühle Frau. Nicoles Mutter wurde vom 7. bis zum 14. Altersjahr von ihrem Großvater sexuell mißbraucht, wobei vor allem masturbatorische Praktiken eine Rolle spielten. Dieser Mißbrauch blieb unaufgedeckt.

Nicoles leiblicher Vater stammt aus einer äußerlich geordneten, stark harmonisierenden, intrafamilial wenig abgegrenzten Familie. Er begann während der Ableistung des Wehrdienstes zu trinken. Er und Nicoles Mutter hatten einander als Jugendliche kennengelernt. Nicole war ein von beiden Eltern ungeplantes Kind. Man zog zusammen und heiratete wegen der Schwangerschaft. Man wohnte in einer kleinen Wohnung im Hause der El-

Hintergrund der Mutter

tern von Nicoles Vater. Es gab von Anfang an Auseinandersetzungen. Nicoles Vater wollte sein adoleszentes Verhalten nicht aufgeben und reagierte auf Vorhaltungen seiner Frau mit Gewalttätigkeit, wobei er auch den Säugling schlug und anschrie. Nicoles Mutter trennte sich vom Kindesvater und zog zu ihren Großeltern, bis sie ihren jetzigen Ehemann kennenlernte. Dieser ist der illegitime Sohn seiner Mutter. Er kennt seinen leiblichen Vater nicht. Seinen Stiefvater, den seine Mutter nach einigen Jahren, in denen sie mit dem Jungen in einem einerseits von Enge, andererseits von Hortunterbringung gekennzeichneten Klima zusammenlebte, heiratete, bezeichnet er als streng aber gerecht. Er ist wenig in der Lage, Aussagen über seine emotionale Befindlichkeit oder seine Sozialisationsbedingungen zu machen. Er ist ein Mann von wenig Worten. - Später wird aufgedeckt, daß Nicole von ihrem Stiefvater sexuell mißbraucht wird seit ihre Mutter mit dem Halbbruder schwanger war und bald danach ihre Nachtwachendienste wieder aufnahm. Nicole schläft dann im Bett ihrer Mutter, und der Mißbrauch findet nachts statt. Er beinhaltet masturbatorische Praktiken und Analverkehr. Der Stiefvater droht Nicole mit Heimunterbringung, wenn sie das Geheimnis eröffnet.

4.1.2 Auf welche familiendynamische Strukturen stößt die Traumatisierung? (Hirsch 1990)

In der Regel stammen Vater- und Mutterfigur aus emotional defizitär versorgenden Herkunftsfamilien. Das Leitmotiv ihrer Partnerwahl ist, miteinander die Defizite auszugleichen. Damit wird eine Bühne geschaffen, auf der sich das herkunftsfamiliale Szenario wiederholt. Die Kinder, insbesondere das Inzestopfer, leiden wiederum an emotionalem Mangel. Oft befindet sich das Opfer in parentifizierter Position und übernimmt für beide Eltern psychosoziale Verantwortung, gerät in die Erwachsenenrolle gegenüber den Kind-Eltern. Täter und Opfer, vor allem, wenn es Vater und Tochter sind, versuchen, frühkindliche leib-seelische Mangelerfahrungen gegenseitig zu kompensieren. Dabei agiert der Vater die Aggression gegen seine eigene Mutter aus in den Verletzungen, die er seiner Ehefrau und seinem Opfer zufügt. Objektbeziehungstheoretisch gesehen spaltet er das Mutterbild in eine idealisierte, allverfügbare Figur, die ihm ganz zuwillen ist und ihn durch eigene Impulse nicht bedroht. Diese Repräsentanz findet er in der Tochter gespiegelt. Die bösen, frustrierenden, ängstigenden, autonomiebedrohenden Teile werden auf die Ehefrau übertragen. Die Tochter ihrerseits nimmt um den Preis der Mißachtung ihrer leib-seelischen Integrität die inzestuöse Verstrikkung in Kauf, nicht nur weil sie aus Angst nicht wagt, den Täter zurückzuweisen, indem sie das Inzestgeheimnis lüftet, sondern auch, weil dadurch ein Stück Ersatz für frühen Mangel bei der Mutter und ein Stück Rache an ihr möglich wird.

Die Mutter delegiert im Sinne verwischter Generationsgrenzen und eines Prinzips der verkehrten Welt ihre Rolle an die Tochter und identifiziert sich oft stärker mit dem aktiv-außenweltorientierten Prinzip, was, psychodynamisch gesehen, einer Suche nach dem Vater entspricht, die durch Identifikation mit einem Vaterbild gelöst wird. Indem sie die Mutterrolle delegiert und ihre Tochter als delegierte Stellvertreterin dem Täter überläßt, vollzieht sie ihrerseits Rache an der eigenen Mutter und am Mutterbild, das sie auf die Tochter im Sinne einer narzißtischen Besetzung projiziert.

Diese Mechanismen sind den Familienmitgliedern nicht bewußt. Außer verwischten Generationsgrenzen, Rollenumkehr und Verstrickung sind weiter belastend als inzestbegünstigende Variablen mehrgenerationale Verlustkarrieren, Konfliktunfähigkeit der Ehepartner vor dem Hintergrund beeinträchtigter verbaler und nonverbaler direkter Kommunikation sowie Isolation der Familie in ihrem sozialen Kontext, wobei diese Isolation ihrerseits mit Ergebnis einer projektiven familialen Abwehr sein kann. Die Familiengrenzen nach außen sind rigidisiert, so wie die intrafamilialen Grenzen verwischt sind.

4.1.3 Wodurch werden die Verarbeitungsmöglichkeiten des Kindes bestimmt?

Das Inzesttrauma bedeutet Grenz- und Integritätsverletzung, Sexualisierung, Stigmatisierung, Verrat an Vertrauen und Liebe und Hilflosigkeit. Aufgrund seiner abhängigen Position reagiert das Kind mit Anpassung. Die kindlichen Antworten auf das Trauma sind bestimmt von den Vorbedingungen, vom aktuellen familialen Kontext und von den Verarbeitungspotentialen von Kind und Eltern. Das Kind wird nach Ausdruck seiner Not suchen. Je nach Art der bereits bestehenden intrapsychischen Verarbeitungsstrukturen und den in der Familie vorhandenen Modellen wird es mehr internalisiert, gehemmt, im Sinne von Rückzug, Depressivität, Selbstentwertung und Schuldzuweisung verarbeiten oder mehr externalisiert in sexualisiert-aggressivem Verhalten. Die Grenzverletzung wird entweder mit dem Versuch beantwortet, die eigenen Grenzen durch Erstarrung, Anästhesierung zu festigen oder durch aggressives Kampfverhalten mit Gegenangriff nach vorn zu verschieben, allerdings dann meist nicht dem Täter gegenüber. Die Differenziertheit und soziale Wirksamkeit dieser Versuche, sich zu wehren, sind bestimmt von der Qualität der Ichausrüstung wie Intelligenz, Problemlösefähigkeit, Vulnerabilität und vom protektiven Potential des Selbst wie dem Bewußtsein des eigenen Wertes. Elterliches Reagieren wurde vor allem im Hinblick auf das von feministischer Seite stark kritisierte Mutter-Dilemma diskutiert. Mütterliche Reaktionen und Grade der inzestuösen Involvierung sind heterogen. Wesentlich ist hier die Berücksichtigung der Charakteristika weiblicher Geschlechtsrollensozialisation mit ihrer Bindung vom Wert der Frau an die Zugehörigkeit zum Mann und an das Leben leiblicher Mutterschaft in einem sozial gebilligten Rahmen, der Familie. Die überlebensorientierte individuelle und familiale Abwehr, in der Verleugnung, Affektverbot gegenüber dem Mißbrauchsthema und Bewertungsklitterung eine Rolle spielen, bildet später den Kern der Psychopathologie Inzestgeschädigter. Wesentlich für das weitere Schicksal ist der Grad der Fixierung der individuellen und familialen Abwehr in der Innenwelt. Der oder die Betroffene versucht, die unter dem Ansturm des Traumas überforderte innere Realität zu differenzieren und mit der Außenrealität zur Deckung zu bringen, wobei sich komplizierend auswirkt, daß aus dieser Außenwelt Signale kommen, die auf die Irreleitung der Wahrnehmung abzielen. Wenn keine Integrationshilfen da sind, wird dieser Verarbeitungsprozeß fixiert und führt zur Fragmentierung auf der Ebene des Selbst. Die Vorstellungen, die ein solcher Mensch von sich und zu sich hin hat, klaffen unverbunden auseinander. Beim Erwachsenen, oft schon beim Jugendlichen oder auch beim Kind, können wir Hypertrophie eines Identitätsbereiches zu ungunsten anderer Bereiche sehen, oft des Leistungs- und Beelterungsbereiches; umschriebene Symptomkonstellationen wie Eßstörungen sind Versuche des Ich, die Konflikte zu lösen auf der Symbolebene, auf der leiblichen Ebene, wo die Konflikte gesetzt wurden.

4.1.4 Konsequenzen sexuellen Mißbrauchs aus entwicklungspsychologischer Sicht

Der sexuelle Mißbrauch ist als Traumatisierung eine Reizüberflutung und somit eine Überforderungsattacke auf das Wahrnehmungs- und Integrationsgeschehen. Der sexuelle Mißbrauch hat um so gravierendere Langzeitfolgen,

je unreifer die psychosozialen und leiblichen Strukturen des Opfers aufgrund jungen Alters und/oder anderer Vulnerabilitätsfaktoren sind;

je länger emotional verankerter und von psychosozialer Abhängigkeit geprägter die Beziehung zwischen Opfer und Täter ist;

je länger der Mißbrauch andauert;

je unsicherer, belasteter die prätraumatische Bindung an bedeutungsvolle Andere ist, d.h., intrapsychisch gesehen: je brüchiger das Selbst und je labiler die Ichstruktur ist;

je belasteter, brüchiger, das psychosexuelle Gleichgewicht in der Familie ist.

Unsicher gebundene Kinder und Jugendliche organisieren ihr Verhalten entweder um die Opfer- oder um die Aggressorenrolle, wobei hier die herkunftsfamiliale Dynamik, die intrapsychische Struktur als Abbild der Beziehungsgeschichte und geschlechtsrollenspezifische Faktoren darüber entscheiden dürften, ob eher der Weg der Internalisierung oder der Externalisierung gewählt wird. In jedem Falle hat der sexuelle Mißbrauch einen gravierenden Einfluß auf die Entwicklung des Idealich und des Ichideals, die sowohl für Selbstbild und Selbstbewertung wesentlich sind wie, auch die spätere Partnerwahl mit bestimmen. Im Laufe der Entwicklung findet eine zunehmende Durchdringung früher narzißtischer und überichgesteuerter Vorstellungen über den Idealgehalt dessen, was ich bin, mit Realität statt; hin zur Projektion omnipotenter Vorstellungen über das Selbst und das Ich auf Bezugspersonen, die zunächst idealisiert werden, später relativiert, bis hin zur reifen und kritischen Auseinandersetzung mit Werten, mit Glauben und Glaubenssystemen. In diesem Prozeß der Differenzierung dessen, was ich sein möchte und was ich sein wollte, spielen sowohl Vater wie Mutter eine große Rolle als Träger der Projektionen und als Auseinandersetzungspartner, an denen das Bild relativiert wird. Im erwachsenen Liebespartner werden nichtrelativierte Vorstellungen gesucht und auf ihn werden sie projiziert. An ihn knüpft sich die Hoffnung, die Differenz zwischen Ideal und Realität zu überwinden. Dieser Prozeß wird bei sexuellem Mißbrauch massiv irritiert. Der inzestuöse Angriff des Täters auf das Opfer und die Dysfunktionalität des aktiv nicht involvierten anderen Elternteil kommt einer Zerschmetterung der Entwicklung dieser Ideale und ihrer Relativierung gleich. Das Opfer reagiert mit Selbst- und Fremdentwertung, mit Fixierung der polarisierten Kluft zwischen Realität und Ideal. Entsprechend werden später Partner danach gewählt, wie sie eine Wiederholung bewußt verhindern helfen können und unbewußt danach, daß sie eine Wahrscheinlichkeit der traumatischen Erfahrungen garantieren.

Nach diesen Exkurs über Einflußgrößen, die den Verarbeitungsmodus des sexuellen Mißbrauchs beim Kind bestimmen, betrachten wir unser Beispiel. Oder vielmehr betrachten Sie es. Ich lade Sie ein, sich in die Innenwelt Nicoles zu begeben. Lassen Sie sich einige Augenblicke lang von Ihrer Einfühlung geleitet durch die Seelenlandschaften geleiten, durch ihre Höhen und Tiefen, ihre Weitungen und Engungen, ihre lichten und dunklen Gegenden. Begegnen Sie den Bildern, den Wesen, den Pflanzen, Tieren und Menschen, die diese Landschaften bevölkern - oder den Leerstellen, den Wüsten, ausgetrockneten Flußbetten, Ödländern. Lassen Sie sich von den Gebäuden, die Sie wahrnehmen, von den Atmosphären, anmuten. - Und nun setzen Sie diese Welt in Bewegung, tauchen Sie ein in die Szenen, Momentaufnahmen, Dramen vielleicht.

Wir werden von unserem Einfühlungsvermögen gleitet, wenn wir in die Innenwelten des Anderen absteigen. Es ist bestimmt von unseren eigenen Erfahrungen, unserer Geschichte. Und so mögen Sie sich dessen gewahr sein; und in den Landschaften Ihrer Innenwelt nach den Erfahrungen, Konstellationen, Bildern suchen, mögen Sie Ihre Szenen in den Blick nehmen, vor allem jene, wo Sie Resonanzen auf jene Menschen spüren, denen Sie als Helfer gegenüber sind. Ihre Empathie und Ihre Resonanzen sind Voraussetzung und Fallgrube zugleich für ein sinnvolles Tätigwerden in diesem Feld, das wir hier am Beispiel unserer Familie vor uns sehen.

4.2 Zur Relevanz des diagnostischen Prozesses bei sexuellem Mißbrauch

Fundierte Diagnostik ist Voraussetzung einer sinnvollen, an den individuellen Möglichkeiten, den Entwicklungsnotwendigkeiten und am familialen Kontext orientierten Therapieplanung. Sie ist in ihrer Gestaltung natürlich abhängig davon, ob der sexuelle Mißbrauch bereits aufgedeckt ist oder nicht. Meist ist eine vollständige Aufdeckung Teil und/oder Ziel des diagnostischen

Prozesses. In unserem Beispiel wird der Verdacht des sexuellen Mißbrauchs von Nicole durch ihren Stiefvater vermutlich nach dem Familiengespräch bereits im Raum stehen. - In der Literatur sind inzwischen empirisch erhärtete Orientierungen für das Erkennen der Symptome und Indikatoren der sexuellen Mißhandlung von Kindern und Jugendlichen gesammelt. Die Diagnostikphase wird in erster Linie bestimmt sein, diesen Verdacht zu erhärten oder zu entkräften. In zweiter Linie wird sie dazu dienen, die psychische Struktur der wesentlich Betroffenen, die Familiendynamik und die Ressourcen der Einzelnen zu erheben. Nach dem ersten Gespräch mit der Familie oder mit dem Kind und dem nicht aktiv involvierten Elternteil wird in einer Atmosphäre behutsamer Kontaktaufnahme die Diagnose mit dem Kind einzeln erhärtet. Wenn bei der Vorstellung der sexuelle Mißbrauch bereits aufgedeckt ist, wird mit dem Kind ein Verständnis über den Anlaß der Vorstellung geschaffen und darüber verhandelt, wann und mit wem über den Anlaß der Vorstellung gesprochen wird. Zu thematisieren sind die Ängste des Kindes, was geschieht, wenn über den Mißbrauch in der Familie geredet wird. Hier kommt es auf die Erarbeitung eines vertrauensvollen Kontaktes zwischen Kind und Untersucher an, wobei fokaltherapeutische Ansätze mit kreativen Medien Platz haben, so um die Ambivalenz des Kindes gegenüber der vollen Aufdeckung des Mißbrauchs zwischen Angst vor Strafe und Zerstörung der Familie und Mut im Dienste seiner Integrität zu bearbeiten.

Leitend muß in jedem Falle sein, den Aussagen des Kindes, die den sexuellen Mißbrauch bestätigen, zu glauben und dem Kind die ausdrückliche Erlaubnis zu geben, sich zu öffnen und ihm Schutz in seinen Ängsten zuzusichern.

Die Erhebung einer detaillierten Anamnese des Kindes, der Paar- und individuellen Anamnesen der Eltern zur Beleuchtung der Mehrgenerationenperspektive sind nötig. Die Beantwortung der Frage, inwieweit testpsychologische Untersuchungen in projektiver und in Fragebogenform zur Anwendung gelangen sollen, wird öfter der Schulenausrichtung des Diagnostikers oder seiner Einrichtung überlassen als auf den Fall und seine Erfordernisse ausgerichtet und fachlichen Überlegungen unterworfen.

Je schwerwiegender das Trauma und je größer die Wahrscheinlichkeit von Spätfolgen, umso notwendiger sind gründliche Erhebungen, weil sie Vorbereitung für die Planung und Durchführung der nachfolgenden psychotherapeutischen Intervention darstellen. - Wesentlich ist in Fällen, wo Instanzen öffentlicher Kontrolle bereits eingeschaltet sind, die Bewertung der zivil- und strafrechtlich relevanten Beschädigung, vor allem dann, wenn Klägerparteien versuchen, alles, was schwierig ist, auf den sexuellen Mißbrauch zurückzuführen.

Blicken wir nochmals auf unser Beispiel, finden wir es typisch für die Praxis nichtspezialisierter psychosozialer und ärztlicher Dienste, denn aufgedeckter sexueller Mißbrauch gelangt oft direkt an Spezialisten auf diesem Gebiet. Als Helfer finden wir uns dann konfrontiert mit der Frage, ob und wie aufzudekken ist. In meiner Sicht stellt sexueller Mißbrauch eine so gravierende Entwicklungsgefährdung dar, daß es keine Frage nach dem "ob" geben sollte. Bezüglich des "wie" geraten die Vertreter unterschiedlicher Ansätze oft aneinander. Ich denke, daß die Maxime "Helfen statt strafen" viel Richtiges hat, wenn sie dazu dient, aus der Angst der intervenierenden kontrollierenden und helfenden Instanzen herauszuhelfen, aus der abrupte, wenig geplante Interventionen geboren werden.

4.3 Die Therapie sexuell mißbrauchter Kinder und Jugendlicher beginnt oft mit einer Krisenintervention

Ist der Verdacht auf sexuellen Mißbrauch erhärtet, muß er mit den Eltern eröffnet werden, wobei es eine Frage der Differentialdiagnostik der Ressourcen des Paarsystems ist, ob im Falle der Täterschaft der Vaterfigur die Eltern als Paar oder einzeln gesehen werden. Der intrafamiliale Täter muß zur Übernahme der vollen Verantwortung für sein Tun geführt werden. Die Planung der Interventionen muß als Netzwerkarbeit mit allen involvierten Stellen und Berufsgruppen geschehen. Sexueller Mißbrauch ist ein Thema, das durch seine Explosivität behandelnde Systeme ebenso schnell und effektiv spaltet wie es die betroffenen Familien in der Festung der Geheimhaltung nach außen sichert. Dabei geht es für den Verantwortlichen, der die Krisenintervention koordiniert und durchführt, um eine Gratwanderung zwischen der Berücksichtigung therapeutischer Notwendigkeiten im Dienst des Kindes in seinem Kontext und dem Einbezug der normativen Realität.

Die körperliche Untersuchung des Kindes gehört mit zur Planung weiterer Schritte.

Welche Personen des Netzwerkes welche Teile in der Krisenintervention und mit wem aus der Familie verantwortlich übernehmen, ist eine Frage der durch das Netzwerk zu erstellenden Systemdiagnose.

Wenn der sexuelle Mißbrauch aufgedeckt und das Eingeständnis des intrafamilialen Täters erfolgt ist, ist ein Gespräch mit der ganzen Familie notwendig, was allerdings oft erst nach längerer Zeit als Ergebnis therapeutischer Bemühungen möglich ist. Bis dahin übernimmt der federführende Helfer im Netzwerk die Funktion, dem Kind die notwendigen Mitteilungen aus familialen Einzelinterventionen zu machen. Wesentlich ist, daß das Kind über die explizite Verantwortungsübernahme des Täters die Gewißheit gewinnt, daß der sexuelle Mißbrauch de facto stattgefunden hat und daß die Schuld dafür beim Täter liegt. Dies wird günstig beeinflußt dadurch, daß nach dem Eingeständnis des intrafamilialen Täters dieser für eine Zeit die Wohnung verläßt und nicht das Kind notfallmäßig fremduntergebracht oder in eine Klinik gebracht wird, da eine solche Maßnahme das Kind meist nicht nur mit Angst erfüllt, sondern das Kind eine solche Intervention als Bekräftigung bereits vorhandener Schuldgefühle interpretiert. Wenn möglich sollten beide Eltern die Verantwortung für das Kindeswohl übernehmen, was vor allem dann in den Vordergrund rückt, wenn zeitweilige oder dauernde Trennung der Eltern ansteht. FÜRNISS (1986) hat eine Systematik der Krisenintervention bei sexueller Kindesmißhandlung erstellt, auf die ich hier hinweisen möchte. Sind weitere Maßnahmen im Netzwerk mit der Familie besprochen und beschlossen, stellt sich die Frage, welche psychotherapeutische Hilfe das Kind braucht, um den sexuellen Mißbrauch konstruktiv, das heißt entwicklungsförderlich, zu verarbeiten.

Insbesondere dann, wenn der Verdacht auf sexuellen Mißbrauch sich nicht im Vorfeld, sondern erst im Zuge einer stationären oder ambulanten Behandlung des Kindes und seiner Familie ergibt, stellt sich die Frage des pro und contra rund um die Aufdeckung besonders brisant, da sie notwendigerweise die Behandlung und die therapeutischen Bündnisse, auf denen sie ruht, in eine Krise stürzt. - Ich denke, daß eine Aufdeckung innerhalb der Familie mit den möglichen Konsequenzen in dem Falle notwendig ist, da bei einem Kind die Sprach- und Gefühlsverwirrung und vor allen die Schuldübernahme und Selbstwertproblematik ohne eine solche reale Aufdeckung nicht effektiv behandelbar sind. Ein Kind braucht Realitäten zur Bestätigung der Stimmigkeit seiner Wahrnehmung mit der Wirklichkeit. Das Kind muß in jedem Fall davor geschützt werden, daß der Mißbrauch fortgesetzt wird. Die Crux für den Helfer, dies zu entscheiden, liegt meist in der realen oder antizipierten Wahrscheinlichkeit gewalttätiger Eskalationen in der Familie oder der Dekompensation eines Elternteils in Suizid oder Psychose. Ich möchte Argumente von Aufdeckungsgegnern benennen, um fachliche Diskussionen zu diesem Aspekt der Behandlung sexuell mißbrauchter Kinder und Jugendlicher auch hier abzubilden. Durch das Aufdecken fühle sich die Familie in ihren Grundstrukturen so bedroht, daß sie dem Druck, in den sie gerät, nur durch Agieren, Gewalt oder Behandlungsabbruch und individuelle psychiatrisch relevante Dekompensation beantworten könne. Kind und Eltern seien verhaltensregressionsgefährdet, es komme zu Kontrollverlust beim Kind, das seine Loyalitätskonflikte nicht mehr aushält. Suizidalität, auch beim Kind, müsse in Erwägung gezogen werden. Aufdeckung gehe gegen kindliche Bewältigungsstile. Verdrängung könne auch eine Gnade sein. Wenn die Behandlung greife, kämen die Dinge früher oder später im Prozeß von selbst ans Licht.

5. Aspekte der Behandlung sexuell mißbrauchter Kinder

5.1 Die Strukturierung des therapeutischen Feldes

Aus dem Vorgenannten wurde deutlich, daß die Regeln, die bei jeder psychotherapeutischen Kinderbehandlung gelten, bei sexuellem Mißbrauch besonders wichtig sind. Kinderbehandlung ist immer kontextuell orientiert, da das Kind aufgrund seiner Abhängigkeit an seinen Kontext gebunden ist. Es geht also niemals darum, ob eine Mitbehandlung der Familien, der Eltern, durchgeführt wird, sondern immer um die differentialdiagnostisch begründete Beantwortung der Frage, wie dieses Miteinbeziehen des Kontextes zu gestalten ist. Ein Kind kann selten Schritte im Dienst seiner Individuation gehen, wenn diese nicht von jenen, von denen es innerlich und äußerlich abhängig ist, mitgetragen oder zumindest toleriert werden. Die therapeutische Arbeit muß somit sowohl die Bedürfnisse des Kindes wie auch die der Familie, zumindest des nicht aktiv involvierten Elternteils, treffen. Erst wenn aus Erleben und Verhalten des Kindes deutlich wird, daß sein weiterer Verbleib in der Familie nicht entwicklungsförderlich ist, sollte Fremdunterbringung erfolgen; oder aber wenn es trotz allen Bemühens nicht gelingt, die Eltern zu den notwendigen unterstützenden Schritten wie Verantwortungsübernahme, Schuldeingeständnis und hinreichende Begleitung des Kindes zu motivieren. In meiner Erfahrung sind Kinder, wenn sie das therapeutische Bündnis als Schon- und Entwicklungsraum erkannt haben und sich ihrer Autonomie und Würde gemäß ernstgenommen und gefordert fühlen, durchaus in der Lage, sich im Falle von Fremdunterbringung aktiv und produktiv zu äußern und an guten Lösungen mitzuarbeiten. - Zieldefinitionen für eine Therapie sind vorab und im Prozeß immer wieder wichtig. Sie sollen mit der Familie gemeinsam abgesprochen werden. Es sollten Vereinbarungen getroffen werden über Kriterien, an denen alle merken können, wann diese Ziele erreicht sind. Hier wird überlegt, ob man sich auf weitreichende Veränderungen, auf Lösungen oder auf akzeptable Entwicklungen einigt. Die familiale Zielsetzung im Dialog der Zieldefinitionen der Einzelnen muß immer wieder reflektiert werden. Einen besonderen Stellenwert nehmen dabei Verhaltensstörungen als Folge sexuellen Mißbrauches ein. Sie eignen sich als Leitparameter in einem strukturierenden, Orientierung vermittelnden Zielfindungsprozeß. Wenn wir Therapeuten sie so konnotieren, müssen wir diese Symptome nicht immer negativ sehen als Symbolisierung tieferliegender Störungen, eine Haltung, die wegen des darin impliziten Zugriffs auf die Psychodynamik der Einzelnen und das Gleichgewicht der Familie oft mehr Angst macht als nützt.

Aufgrund der hohen Anforderungen, die Thema, Dynamik und Struktur sexueller Mißbrauchsopfer und ihrer Familien stellen, hat es sich als günstig erwiesen, die einzel- und familientherapeutische Hauptverantwortlichkeit zu teilen, wobei sich hier eine gemischtgeschlechtliche Besetzung des so zusammenarbeitenden Therapeutenpaares empfiehlt, auch um im Behandlungsprozeß auf diese Konstellation eines funktional kooperierenden und einander wertschätzenden heterosexuellen Paares zur Gestaltung und Fokussierung von Übertragungsprozessen zurückgreifen zu können. Dies gelingt besonders gut, wenn der Einzeltherapeut/die Einzeltherapeutin in der Familien- oder Paartherapie in der Co-position erscheint und so die Entwicklungsanliegen des Kindes vertreten kann.

Auch in Fällen, wo der sexuelle Mißbrauch nicht intrafamilial und nicht so lang andauernd geschah, halte ich ein Einbeziehen der Familie in die Behandlung und Beratung für nötig, da ich davon ausgehe, daß das, was dem Kind widerfährt, einen intrapsychischen und intrafamilialen Hintergrund hat; und daß ein Kind für die Verarbeitung dessen, was ihm geschieht, auf die Unterstützung seines Kontextes angewiesen ist.

5.2 Aspekte der Familienbehandlung

Daß die Geister sich an der Beurteilung des Stellenwertes der Familie bei intrafamilialem sexuellem Mißbrauch scheiden, und dies oft mit Leidenschaft, dürfte an den Empfindlichkeiten liegen, die wir alle, auch und gerade als psychosoziale Helfer, aus der Verletzungsgeschichte in unseren Herkunftsfamilien bewahrt haben. Je nachdem, wie wir diese Geschichte verarbeitet haben, werden wir eher dazu neigen, die Familie als Ganzes und ihre Abbilder zusammenzuhalten, die unsere Innenwelt und die das Erleben und Verhalten mitbestimmenden Gesetzmäßigkeiten dort konstituieren; oder wir werden uns mit den Opfern solidarisieren und für ihre mißachteten Rechte kämpfen, indem wir uns zum Anwalt des Kindes und des nicht aktiv in den Mißbrauch involvierten Elternteiles machen. Als Opfer werden dann meistens die sexuell mißbrauchten Mädchen und ihre Mutter gesehen. Bedauerlicherweise spalten sich die Vertreter dieser beiden Sichtweisen von Behandlung oft in polarisierte Lager, statt zu kooperieren und ihre Ressourcen zugunsten einer Praxis zusammenzulegen, die bei den Klienten den Boden für Integration in der Zukunft bereitet. Diese Spaltung im Helferkontext ist in meiner Sicht ein Abbild jener Spaltungsprozesse, die charakteristisch für die Versuche der Betroffenen, Täter, Opfer und Zeugen sexuellen Mißbrauchs, das Chaos und den Horror ihrer Sozialisationserfahrung zu strukturieren. Daß wir als Helfer hier mitagieren, statt im Dienst integrativer Entwicklungsförderung gegenzuhalten, dürfte daran liegen, daß Kinderelend und Familienschicksal bei Themen wie Mißbrauch und Mißhandlung uns besonders angehen, weil sie Zerstörung leibseelischer Integrität und Identität beinhalten. Dabei wären Grundzüge beider Ansätze - des opferorientierten wie des systemischen - wertvoll, um eine indikationsorientierte Behandlung zu gewährleisten. Opferorientierung beinhaltet die berechtigte Empörung über jene unseren sozialen und kulturellen Systemen immer noch immanente Möglichkeit der mißbräuchlichen Unterdrückung und Ausbeutung von Kindern durch ihre Eltern und von Frauen durch Männer.

Ebenso wesentlich erscheint mir aber die Berücksichtigung der Tatsache, daß in der Familie, weil sie ein System wechselseitiger Abhängigkeit und Gebundenheit ist, alle Mitglieder des Systems einander beeinflussen und miteinander in reziproker Interaktion stehen. Familiale Probleme und symptomatisches Verhalten sind kumulierte Ergebnisse familialer Interaktion in der Gegenwart vor dem Hintergrund mehrgenerationaler Zusammenhänge und Vermächtnisse im Hinblick auf zukunftsorientierte explizite und implizite Ziele aller Familienmitglieder. Die Familie hat Schwierigkeiten im Aushandeln von Grenzen und Spielräumen, die ihren Entwicklungsaufgaben zu verschiedenen Zeiten des familialen Lebensprozesses hinreichend gerecht werden.

Es gibt nicht die typische Inzestfamilie. Jedoch teilen diese Familien einige behandlungsrelevante Gemeinsamkeiten: Die Familiengrenzen nach außen sind starr, jene im Inneren der Familie verwischt, vor allem im Hinblick auf Generationsgrenzen und auf die Grenze des Paarsubsystems gegenüber den Kindern. Parentifizierung und Partnersubstituierung kennzeichnen die generations-grenzenüberschreitenden Koalitionen in der Familie. Es besteht bei meist beiden Eltern eine mehrgenerational verfolgbare Geschichte von Mißbrauch, Verlust und Verlassenheit. Die Ehe der Eltern hat den Charakter einer Notgemeinschaft im Stich gelassener Kinder. Die individuellen Ziele - elterliches Ausbeutungsverhalten und kindliche Rechte auf Grenzen, Respekt und Autonomie - schließen einander aus. Die eheliche Dyade ist dysfunktional, auch sexuell. Es gibt grundsätzlich Schwierigkeiten mit Vertrauen, Intimität und Abhängigkeit.

Eine familiendifferentialdiagnostische Abklärung ist unerläßlich, um über Strategien der Behandlung von Kind und Familie mit den Betroffenen nachdenken zu können. Es ist versucht worden, eine Systematik des Schweregrades der individuellen und familialen Pathologie zu erstellen, die hilfreich sein kann, eine Zuordnung der Behandlungsmethodik in einen mehr ambulanten, stationären, gruppen-, familien- und einzelpersonenbezogenen Rahmen vorzunehmen (LARSON et al. 1986). Sicher sind die dort benannten Faktoren Grad des emotionalen Austausches, Sexualität und Aggressivität wesentlich in ihrer Interaktion mit der Qualität der Objektbeziehungen in den Innenwelten der Betroffenen, mit aggressiver Eskalation, mit der Rolle, die Machtausübung zur Abwehr eigenen Ohnmachtserlebens spielt und mit der Ausprägung individueller Psychopathologie. Wesentlich erscheinen mir auch die Berücksichtigung sozialer Faktoren und der Grad der Entfremdung und Rollendiffusion in der Mutter-Opfer-Beziehung, um zu zielführenden Behandlungsentscheidungen zu kommen.

Der Therapeut, der Inzestfamilien behandelt oder mitbehandelt, muß sich auf einen aktiven, strukturierenden, klaren, direktiven Therapiestil einlassen können, der zumindest in der Phase der Strukturierung und im Management des Behandlungsfeldes wichtig ist. Das Wohl des Opfers und seiner Geschwister hat absolute Priorität. Den Opfern muß geglaubt werden, der Verleugnungsstruktur der Täter darf nicht nachgegeben werden. Es sollte nicht das Opfer, sondern der Täter, wie bereits angedeutet, aus der Familie so lange entfernt werden, bis die Zukunftsperspektive geklärt und eine eventuelle Wiederannäherung der Familie möglich ist. Der Therapeut versteht sich als Koordinator der am Fall mitarbeitenden Stellen. Mit der Familie muß klargemacht werden, daß die therapeutischen Maßnahmen eine Wiedervereinigung der Familie nicht garantieren und daß Trennungen eine Lösungsmöglichkeit bleiben. Eine Voreingenommenheit des Therapeuten für das oder die Opfer und gegen den Täter als Subjekt schließt fachlich qualifizierte Behandlung des Systems und der Subsysteme aus. Die Haltung ist allparteilich in der Bereitschaft, sich allen zuzuwenden, aber nicht wertneutral in der Sache.

Was die Verfahrensweise in der Familienbehandlung betrifft, scheint das Vorgesagte eine Integration folgender Ansätze zu begünstigen: der strukturellen Familientherapie (MINUCHIN 1974), weil sie auf den Aufbau hinreichend klarer und flexibler Grenzen innerhalb der Familie gerichtet ist; der strategischen Familientherapie, weil sie auf die Bearbeitung von Widerständen und der Wahrnehmungen der Familienmitglieder untereinander abzielt. Außerdem ist der Therapeut Ermutiger, Anleiter und Modell in einem auf die Veränderung von Verhalten fokussierten behavioralen Ansatz, der das Erlernen eindeutiger Kommunikation und zielführenden Handelns um Grenzen sowie die Etablierung konsensueller Regelungen der Verantwortlichkeiten und Pflichten in der Familie beinhaltet (FRIEDRICH 1990). - Günstig erscheint mir, wenn der Therapeut neben dieser Strategie, die vor allem auf das Handeln gerichtet ist, den wachstumsorientierten und analytischen Ansätzen gegenüber offen ist, die gerichtet sind auf das Zulassen und Weiterentwicklen von Emotionalität und ihrem Austausch und auf das Verstehen innerer

Dynamiken und ihrer Geschichte. Dies obwohl viele Mißbrauchfamilien erst einmal damit überfordert sind, aber weil immer dann, wenn ein Geschehen, ein Problem oder ein Prozeß die innere und äußere Kapazität der Klienten überschreitet, der Therapeut als Rahmengebender, stellvertretend Reflektierender auftritt und somit für das Gesamtsystem Dinge tut, die später, wenn die Voraussetzungen dafür da sind, von den Familienmitgliedern übernommen werden können. Selbst wenn dies nicht so ist, haben diese therapeutischen Grundfunktionen haltender und rahmenschaffender, stellvertretend kognitiv verarbeitender Art Wirkung, wahrscheinlich weil sie nachsozialisierende Erfahrung guter Beelterung sind.

Der Aufbau einer therapeutischen Beziehung zur Mißbrauchfamilie ist oft ein langwieriges Unterfangen, das die Geduld und Abgegrenztheit des Therapeuten gegenüber Kränkungen strapaziert, weil das Mißtrauen und das Angstpotential der Familie hoch sind. Deshalb wird eine Arbeit mit der Familie als Ganzer im klassisch familientherapeutischen Sinne nur in der Diagnostikphase und vor allem zum Abschluß der therapeutischen Interventionen hin stattfinden können. In der Arbeit mit Subsystemen ist die Stärkung des nicht aktiv in den Mißbrauch involvierten Elternteils, meist der Mutter, wichtig, um die symmetrische Eskalation der Dynamik von Opfer und Täter, Unterwerfung und Dominanz zu durchbrechen. Ohne Verbesserung der Beziehung des Opfers zum nicht aktiv involvierten Elternteil, und ohne erhebliche Anhebung der emotionalen, sexuellen und sozialen Funktionalität des Paarsystems ist ein Wiederzusammenkommen der Familie nicht sinnvoll, weil die Sicherheit des bisherigen Opfers und eventueller weiterer Opfer nicht gewährleistet ist. Konfliktorientierte Beziehungsbearbeitung, Arbeit an der erwachsenen Verantwortlichkeit, Erkennen dysfunktionaler infantiler Beziehungs- und Übertragungsmuster und Ehepaartherapie im engeren Sinne sind Gegenstand der Mittelphase der Familientherapie (GELINAS1988, FRIEDRICH 1990).

Die Familienbehandlung erfüllt dann ihren Beitrag zu einer Wiederzusammenführung der Familie und/oder für eine hinreichend adäquate Entwicklung des Opfers, wenn der sexuelle Mißbrauch endgültig beendet ist und die Wahrscheinlichkeit für sein Wiederauftreten hinreichend gering ist; wenn die Struktur der familialen Grenzen und Freiräume so verändert ist, daß alle Familienmitglieder hinreichende individuelle Autonomie und Integrität erleben; wenn kommunikative Kompetenz und Konfliktfähigkeit verbessert sind; wenn die eheliche Situation signifikant verbessert ist und alle in der Familie darauf adäquat reagieren; wenn das Opfer die Parentifizierung abbaut und Selbstbewußtsein und Durchsetzungsvermögen entwickelt hat.

Meist ist eine langjährige Begleitung der Familie nötig. Dies ist übertragungstechnisch günstig, weil wir, psychodynamisch gesehen, den Inzest als intrafamiliale Verstrickung betrachten, in der alle Beteiligten früh erlittenes Unrecht und früh erfahrenen Mangel in der Beziehung zur eignen Mutter rächen. Der Therapeut wird zum hinreichend gut haltenden und strukturierenden mütterlich und väterlich besetzbaren Objekt, das in die Leerstellen vergangener und aktueller Dysfunktionalität elterlicher Rollengestaltung tritt und über lange Zeit für das ganze Familiensystem eine korrektive Abhängigkeit und Individuation bieten kann.

Schauen wir nochmals auf unser Beispiel: Vielleicht setzen Sie sich auf den Sessel des Chefarztes der Einrichtung und stellen sich vor, Sie müßten nach Vorstellung der Familie in der Fallkonferenz eine Entscheidung darüber mitgestalten, welcher Therapievorschlag der Familie gemacht werden soll.

In Anbetracht des Berufsanfängerstatus der Kollegin, bei der der Fall ankommt, kann erwogen werden, daß nach dem ersten Familiengespräch die individuelle Diagnostik Nicoles von der Kollegin übernommen wird, weitere Familiengespräche und eine eventuelle Diagnostik der Eltern vor einem erfahrenen Kollegen durchgeführt werden. Die Kollegin würde in der Co-Therapieposition erscheinen und könnte unter entsprechender Anleitung die Einzeltherapie des Mädchens übernehmen, in der nicht nur die Aufarbeitung von Defiziten und Traumata eine Rolle spielen würde, sondern auch die Tatsache berücksichtigt werden müßte, daß Nicole am Anfang der Pubertät steht, ein Alter, das aufgrund seiner progressiven Entwicklungsaufgaben besondere Probleme für eine auch regressiv arbeitende Therapie stellt. Über Einzelgespräche und die Erfassung von Subsystemen könnte mit der Familie so weit gearbeitet werden, daß eine Eröffnung des sexuellen Mißbrauchs als Familiengespräch im Beisein Nicoles, ihrer Mutter und ihres Stiefvaters erfolgen kann. Kommt es zu einem Behandlungskontrakt, daß heißt auch zur verbindlichen Absprache der Voraussetzungen hierfür, müßte das Geschwistersubsystem mit erfaßt werden, um eine eventuell schon erfolgte Schädigung der Halbgeschwister Nicoles zu erkennen. Mit den Eltern wäre deren belastete Vorgeschichte zumindest zum Teil anzuarbeiten.

Möglicher Behandlungskontext

Läßt die Familie sich in einem Prozeß ein, wird die Figur des leiblichen Vaters Nicoles eine Rolle spielen und mit ihr und ihrer Mutter an der Beziehung zu diesem Mann und der Bedeutung für die aktuelle Situation zu arbeiten sein. Dies impliziert oft ein Aufsuchen des außerhalb der Familie lebenden Elternteils und die Abklärung von Umgangsweisen mit dem Kind, wobei es wichtig ist, sich an den Wünschen des Kindes zu orientieren. In der gemeinsamen Arbeit von Mutter und Tochter an dieser Beziehung kann der Boden gelegt werden für eine Verbesserung deren Beziehung untereinander über das Erfassen und Anerkennen geteilten Schicksals. - Inwieweit eine passagere Unterbringung Nicoles in der Klinik während der Therapie nötig sein wird, ist abhängig vom Grad der Suizidalität, die während der Behandlung aufflammen kann.

5.3 Aspekte der Einzelpsychotherapie sexuell mißbrauchter Kinder

Wir haben die Fragen der Einzeltherapie des kindlichen Mißbrauchopfers durch unsere bisherigen Überlegungen eingekreist, und ich möchte nun wesentliche Aspekte der Einzeltherapie sexuell mißbrauchter Kinder beleuchten, sowohl was klassische Verlaufsparameter einer solchen Behandlungen betrifft, wie auch was einige charakteristische Schwierigkeiten angeht, die sich für Therapeut und Kind dabei stellen.

5.3.1 Indikation zur Einzeltherapie

Die Indikation zur Einzeltherapie überhaupt und zum Verfahren, das angewendet werden soll, ist bestimmt von Quantität und Qualität der Ressourcen des Kindes und seiner Familie; von der Intra- oder Extrafamiliarität des sexuellen Mißbrauchs, von seiner Dauer und vom Einsetzen des Mißbrauchserfahrung im Lebenskontinuum und von der Qualität der Beziehung zum nicht sexuell mißbrauchenden Elternteil. Diese Faktoren bestimmen die Innenwelt des Kindes, den Grad der Beschädigung des Selbst, die Qualität der Ichstruktur, die Beschaffenheit der inneren Bilder und ihrer Beziehungen untereinander, des Selbst- und Körperbildes, der Bilder von den bedeutungsvollen Anderen und die Generalisierung all dessen durch das Kind auf die Welt. Je größer die innenweltliche Beeinträchtigung, umso eher wird die Indikation zu einer mittel- bis langfristigen psychodynamisch orientierten Einzeltherapie zu stellen sein. Je geringer die Beeinträchtigungen und/oder je geringer die Ressourcen der Familie oder Ersatzfamilie, umso eher besteht Indikation für eine kürzerfristige oder niederfrequente rein supportive, strukturierende und verhaltensorientierte Behandlung oder Beratung. Einzeltherapie bei sexuell mißbrauchten Kindern ist nur sinnvoll, wenn eine bedeutungsvolle elterliche Bezugsperson kontinuierlich und verbindlich präsent und aktiv ist. Das Kind muß vor weiterem Mißbrauch geschützt sein. Seine Behandlung läuft parallel zu einer systemveränderten Therapie des Kontextes. Der nicht aktiv sexuell mißbrauchende Elternteil hat regelmäßig Kontakt zum Einzeltherapeuten. Der Therapeut soll zielorientiert, konzeptuell klar sein. Gleichgültig welches Verfahren angewendet wird, soll der Therapeut fähig sein zu direktiver, supportiver Intervention. Das Kind sollte die Fähigkeit entwickeln können, über den Mißbrauch zu kommunizieren. Es sollte die Intensität der Behandlung ertragen können (FRIEDRICH 1990).

5.3.2 Die Beziehungsaufnahme - Probleme der Initialphase (vgl. GARBE 1991)

Untersuchungen über Wirkfaktoren von Psychotherapie haben gezeigt, daß die Behandlungstechnik gegenüber dem kurativen Element einer tragenden therapeutischen Beziehung von sekundärer Bedeutung ist. In Anbetracht der Beziehungsverstrickung in Inzestfamilien ist bei der Beziehungsgestaltung auf Kontinuität, Regelmäßigkeit, Konstanz, Klarheit und Eindeutigkeit in Setting, Einstellung und Therapeutenverhalten zu achten. Je nach Kontakt- und Beziehungsstil des Kindes, je nachdem ob es seine Erfahrungen mehr konfluent, externalisierend oder introjektiv verarbeitet, entwicklen sich unterschiedliche Probleme in der Phase der Kontaktaufnahme und des Aufbaus einer tragfähigen Vertrauensbeziehung, denen jeweils differenziert geantwortet werden muß. Ich möchte drei Grundschwierigkeiten nennen, die fast alle Opfer sexuellen Mißbrauchs teilen und die in der Therapie berücksichtigt werden müssen:

5.3.2.1 Das Problem des Grundmißtrauens und der Verletzung durch Verrat

Oft haben Mißbrauchsopfer einen grundsätzlichen Mangel an Vertrauen zu allen Menschen, ja zur Welt. Andere Menschen können nicht mehr als beschützend und zuverlässig gesehen werden. Sexueller Mißbrauch in der Familie heißt immer Beziehungsverlust beider Eltern als gut wahrnehmbare Bezugspersonen und meist, daß eine das ganze Leben zurückreichende Brüchigkeit in Beziehungen besteht. Diese Situation stellt hohe Anforderungen an die Fähigkeit des Therapeuten, in einer sehr langen Phase des Beziehungsaufbaues kleinschrittig, mit viel Toleranz für Rückzug und Wechselbäder der Annäherung, der gierigen Vereinnahmung und der Distanzierung und Zurückweisung umzugehen. Das Kind muß sich der unverbrüchlichen Loyalität, der Authentizität und Ehrlichkeit des Therapeuten sicher sein können. Im Grunde genommen geht es hier um einen zweiten Versuch, eine frühe dyadische Beziehung zwischen Mutter und Kind zu leben, indem sozusagen rückwirkend die Geschichte dieser Beziehung aufgefächert wird und im Agieren des Kindes und in den Gegenübertragungsgefühlen des Therapeuten zur Konkretisierung kommt.

In der Phase der Kontaktaufnahme ist der Gebrauch einfacher Intermediärobjekte wie Bälle und Seile zur Vermittlung von Reziprozität, Verbindung, sichernder Abgrenzung nützlich, da das vorherrschende Thema zunächst Angst sehr basaler Natur ist; Angst vor dem verschlingenden, verführenden, gewalttätigen Auge des Anderen, Angst vor dem riesigen erwachsenen Körper.

Da Opfer sexuellen Mißbrauchs meist frühdefizitär sind nicht nur im Erleben, am richtigen Platz, gewollt und um ihrer selbst willen geliebt zu sein, sondern auch in ihrer Oralität Mangel erlitten haben, treten agierte Bedürftigkeit und erprobende Absicherung des Initialbündnisses durch kleinere oder größere Unregelmäßigkeiten und Regelverstöße, ja Angriffe auf, sobald das Kind sich des Kontaktes sicherer ist.

Essen und Trinken sind wichtig, und das Kind versichert sich auf dieser konkreten Ebene der Verfügbarkeit des Therapeuten und seines Settings, in dem es sich seines Therapeuten als nährende Mutter leibhaftig bedient.

5.3.2.2 Das Problem des Umgangs mit Ohnmacht und Kontrolle

Das Problem des Umgangs mit Ohnmacht und Kontrolle ist eng verknüpft mit der Erfahrung des grundsätzlichen Vertrauensmißbrauches. Zumindest in der Initialphase muß das Kind auch die Kontrolle über die Regulierung von Nähe und Distanz behalten. Jede Annäherung, jedes Anwachsen der Beziehungsintensität zum Therapeuten, die ja auch immer einen Schritt in Richtung vorübergehender Abhängigkeit bedeutet; später jede affektiv intensive Befassung mit den Traumata und ihren Vorbedingungen; sie machen Angst und bedeuten als Auslieferung an die eigenen Gefühle und den Anderen Ohnmacht und Kontrollverlust. Das Kind kontrolliert die Beziehung oft über die Identifikation mit dem Aggressor und setzt den Therapeuten unter Druck und auf den Prüfstein über Autoaggressivität, Attacken auf das therapeutische Bündnis und auch auf den Therapeuten selbst, körperlich oder mit der Waffe der Entwertung.

5.3.2.3 Das Problem der Selbstentwertung und Selbstzuschreibung von Schuld

Das Problem der Selbstentwertung und Selbstzuschreibung von Schuld prägt meist immer wieder den gesamten therapeutischen Prozeß. Die meisten Opfer intrafamilialen sexuellen Mißbrauchs leiden unter der bewußten oder unbewußten Vorstellung, sie trügen Schuld am Mißbrauch, zumindest sie seien durch den Mißbrauch unwert. Wesentlich scheint mir, diesem Phänomen, das ja als negative Selbstbewertung in der Folge früherlittener Unzumutbarkeiten häufig vorkommt, eine Haltung entgegenzusetzen, die dem Kind Raum gibt, seine Selbstzuschreibungen auszubreiten, jedoch in der Begegnungsqualität dem Kind die eigene Sicht deutlich macht, daß der Mißbrauch seinem Wert und in diesem Sinne auch seiner Unschuld nichts anhaben kann. Das Kind soll die Schuld beim Täter lokalisieren lernen. Vor allem im Falle älterer Kinder und länger andauernden Mißbrauchs muß das Kind wahrnehmen und erkennen lernen, was es selbst lernen muß, um die Abgrenzungsleistungen im Dienste seiner eigenen Integrität wirksam aufzubringen. Dabei geht es weniger um manifestes Verhalten als um innere Strukturen, Verstrickungen, unerfüllte Bedürfnisse und tabuisierte Wutaffekte und Distanzierungsimpulse.

5.3.2.4 Das Geschlecht des Therapeuten

Die Behauptung, daß sexuell mißbrauchte Frauen und Mädchen stets von einer Frau einzeltherapeutisch betreut werden müssen, entstammt aus meiner Sicht der Abwehr einseitig opferanwältlich engagierter Kolleginnen, die ihre

Position so leben, daß sie den Mann als Täter schlechthin ausgrenzen, statt sich mit ihm auseinanderzusetzen. Dabei wird die meist sehr mächtige tiefe Sehnsucht weiblicher und männlicher Inzestopfer nach einem idealisierbaren väterlichen Objekt und nach Identifizierung mit ihm übersehen. Ob ein Mann oder eine Frau die Einzeltherapie eines Mißbrauchsopfers durchführen soll, ist eine Frage, deren Beantwortung oft sehr persönlich, weil abhängig von individuellen Faktoren, beantwortet werden muß. Vor allem ist dabei den Wünschen und dem Spontanverhalten des Kindes Rechnung zu tragen. Oft ist die frühe Beziehung des sexuell mißbrauchten Mädchens zur Mutter so verletzt, daß der Zugang in der Einzeltherapie nur möglich ist über einen Mann, der dann meist an die Stelle des idealisierten väterlichen Objektes tritt. Sicher ist im Verlauf der Gesamtbehandlung eines Inzestopfers die Begegnung mit beiden Geschlechtern bei prägnanten und miteinander modellhaft kooperierenden Therapeuten sinnvoll.

5.3.3 Probleme der Mittelphase der Therapie - die Bearbeitung der Innenwelt; gespaltene Bilder und die Auseinandersetzung mit dem Mißbrauchstrauma (vgl. Garbe 1991, Hirsch 1990)

In der mittleren Phase der Therapie ist Platz für Arbeit an der Psychodynamik. Die inzestuöse Beziehung wird zur Kompensation früher Sozialisationsdefizite im narzißtischen und oralen Bereich. Ist das Opfer ein Mädchen, der Täter ein Mann in Vaterposition innerhalb des familialen Kontext, idealisiert die Tochter ein Vaterbild, das zärtlicher ist als die früh frustrierende Mutter, die außerdem oft die kindliche Sexualität negativ konnotiert und nicht selten einen Sohn der Tochter vorzieht, diese aber in die parentifizierte Position hebt und sie mit ihrer Stellvertretung in der Familie belastet. Nicht selten erfolgt eine unbewußte Identifizierung der Tochter mit dem Vater, auch weil das Leben klassisch weiblicher Geschlechtsrollenmerkmale in einer parentifizierten Position hoher Verantwortlichkeit nicht möglich ist und die Mutter eigene Unwertgefühle ihrer Weiblichkeit vorlebt, das Geschlecht der Tochter somit auch nicht konstruktiv narzißtisch besetzen kann. Die Tochter rächt sich an der versagenden Mutter durch die inzestuöse Beziehung und entwikkelt schwere Schuldgefühle wegen des Eingehens der Koalition mit dem Vater, die umso massiver sind, je eher mit dem sexuellen Mißbrauch auch Lustgefühle verbunden sind.

Das Mädchen erlebt ihre Position als Nichterfüllung von Verantwortung für Familie; die Wut auf die frühversagende Mutter wird schuldhaft und autodestruktiv gebunden. In der inzestuösen Beziehung kommt es zu einer Introjektion der Schuldgefühle, die der Täter haben sollte, durch das Opfer.

Andere Inzestkonstellationen werden seltener berichtet, zumindest was Frauen als Täter und Väter als Mißbraucher ihrer Söhne betrifft. Inzestbeziehungen zwischen Geschwistern sind oft Notgemeinschaften Verlassener. Der Opferstatus ist für einen Jungen oder Mann umso beschämender, weil er der kulturspezifischen Geschlechterrollensozialisation völlig fremd ist. Frauen werden zu Täterinnen vor allem bei larviertem sexuellem Mißbrauch. Durch Verlust oder Dysfunktionalität des Ehepartners, in Einsamkeit und Bedürftigkeit und an der Aufgabe gescheitert, sich einen neuen Sexualpartner zu suchen, bemächtigt die Mutter sich des Kindes als Partnersubstitut, wobei dies einer verlängerten frühen Symbiose gleichkommt, in der vor allem Töchter die Funktion haben, der Mutter eine frühe Mutter zu sein. Leibliche Väter werden meist entwertet. Bei Töchtern kommt es dabei meist zu irreversiblen Beschädigungen adäquater weiblicher Identititätsentwicklung und zu schwersten Schuldgefühlen bei jedem Individuationsschritt.

Söhne entwickeln eine hochambivalente Beziehung zu Frauen, die unterschiedlich gestaltet sein kann, aber meist sowohl das Element der frühen Symbiose mit der Mutter und deren gleichzeitiger Bekämpfung durch Bindungsangst und narzißtische Entwertungsstrategien beinhaltet, dies bei grundsätzlicher Unsicherheit in der eigenen Männlichkeit aufgrund der gestörten Beziehung zum Vater. - Bei inzestuösen Beziehungen zwischen Vätern und Söhnen läßt sich beim Vater hohe Eigenpathologie und meist nicht-integrierte Homosexualität feststellen, die innerhalb der Familie agiert wird. Die Söhne entwickeln schwere Identitätsstörungen und eine starke Angst vor Homosexualität. Die stark bindende Mutter wird durch Spaltung des Frauenbildes bekämpft.

All diese schweren Defizite, Störungen und Konflikte breitet das Kind in der Therapie aus, wobei wegen der großen Wichtigkeit der Erhaltung des Therapeuten als gutes Objekt damit unvereinbar erscheinende Impulse und Gefühle oft auf Personen außerhalb des eigentlichen Therapiesettings verlagert werden. Diese Abspaltungen können erst bearbeitet werden, indem die ausgestoßenen problematischen Anteile durch Konfrontation oder die Evokation der entsprechenden Bilder in die Therapie hineingeholt werden, wenn die therapeutische Beziehung unzweifelhaft trägt.

5.3.3.1 Charakteristische Abwehrmechanismen

Ich möchte nun einige charakteristische Abwehrmechanismen benennen, denen wir bei Inzestopfern begegnen und die sich in der Behandlungsdynamik der Mittelphase der Therapie übertragungsintensiv, konflikthaft und leibresonant entfalten:

Unvereinbare Beziehungserfahrung im frühen Bereich führt zu Problemen, gute, lustvolle, sichernde und böse, schmerzhafte, verunsichernde Aspekte des inneren Bildes des elterlichen Bezugspartners zu integrieren. Die heftigen Gefühle der Angst, Wut und des Schmerzes werden durch die Organisation eines gespaltenen Bildes der Bezugsperson bewältigt. Überflutende, überfordernde Leiberfahrung wird abgewehrt durch Anästhesierung ganzer Wahrnehmungsbereiche oder von Teilen des Leibes und Körperbildes, die sich dissoziieren vom Erleben des Selbst als zusammengehörige Einheit. Sie sind potentielle Orte psychosomatischer Beschwerden. Die Angst und Wut, die bei Traumatisierungen entstehen, werden gegen das eigene Selbst gerichtet; das Ergebnis sind jene selbstzerstörerischen Tendenzen, ist jenes grundsätzliche Nichtzugehörigkeits- und Unwerterleben, das man charakteristischerweise bei Inzestopfer findet. Erfahrener Schmerz wird abgewehrt dadurch, daß man sich Schmerz zufügt. Die familiale Verleugnung wird übernommen. Bedürftigkeit und Leere werden kurzfristig gestillt durch Suchtverhalten.

Oft etabliert sich mehr oder minder verdeckte chronische Suizidalität. Die schmerzhafte Beziehungserfahrung wird immer wieder reinszeniert, so als ob dadurch nicht nur etwas wiederholt werden soll in der Hoffnung, es würde sich dieses eine mal ändern, sondern auf etwas aufmerksam gemacht werden soll, das es zu verstehen und zu verändern gilt.

Die Traumatisierung, die Störungen und Defizite müssen bearbeitet werden auf der Ebene ihrer Genese durch expressive und korrektive Erfahrung und konflikthaft auf der Ebene der Abwehrstruktur. Dies geschieht inhaltlich in der Übertragung und im Leben einer realen adäquaten Beziehung zum Kind. Dabei ist wichtig, in Methodik und Technik dem Kind in seinem realen Alter entwicklungsentsprechend zu begegnen und dem Kind in der therapeutischen Regression die Antworten zu geben, die dem Regressionsalter entsprechen. Inzestopfer werden den Therapeuten immer wieder dazu verführen, das Muster der malignen Progression, des viel zu viel viel zu früh, mit ihnen zu wiederholen. Dem entgegenzuhalten und gleichzeitig zumutbare Anforderungen an die altersadäquat ausgebildeten progressiven Kräfte zu machen, ist nicht selten eine Gratwanderung.

5.3.3.2 Wichtige thematische Inhalte in der Mittelphase der Therapie sexuell mißbrauchter Kinder

In der Konstanz und Eindeutigkeit auch der realen Beziehung zum Therapeuten breitet das Kind die Spaltungsdynamik seines Mutterbildes aus. Es lernt, oft in einem schmerzlichen Prozeß, Idealisierungen und Verteuflungen zu relativieren an der Erfahrung, daß ein und dieselbe Person - die Mutter im Therapeuten - frustrieren und befriedigen kann. Dies wird gefördert durch die Auseinandersetzung und Einbeziehung der realen Mutter und deren Akzeptierung und Wertschätzung durch den Therapeuten, was dann besonders wichtig ist, wenn das Kind im Prozeß der Korrektur seines inneren Mutterbildes dem Therapeuten Adoptionsanträge macht und zur Distanz zur eigenen Mutter über die Entdeckung der Aggression gegen sie findet.

Frühe Defizite und Ängste gelangen auf der Leibebene zur Darstellung dadurch, daß das Kind unmittelbar und ganzheitlich unter Einbezug des Leibes agiert und erlebt. Hier ist besonders viel Raum und Behutsamkeit nötig und sind leib- und bewegungstherapeutische Kenntnisse des Therapeuten von Vorteil. Das Kind sollte hier eindeutige, keusche, gute Berührungserfahrung machen. Je nachdem ob das Kind mehr einen extraversiven oder introversiven Verarbeitungsmodus entwickelt hat, ist ein Ermutigen zum Experiment mit basalen Wahrnehmungserfahrungen im taktilen Bereich mit Gegenständen, mit Naturelementen und, je nachdem wie weit Kind und Therapeut gehen können, auch mit dem Körper des Therapeuten denkbar; oder ist eher ein Setzen von Grenzen nötig, ein klares Nein zur Verführung und Sexualisierung im Kontakt. So lernt das Kind, selbst Nein zu sagen und durch die Stabilisierung von Grenzen den Mut zum Ja zu finden. Das Kind tritt meist in eine regressive Phase der Bereitschaft zur Nachsozialisation im frühen dyadischen Bereich und gestaltet sie mit Mutter-Kind-Spielen bis hin zu symbolischen intrauterinen Erfahrungen im Schlafsack oder zu Geburtsspielen, in denen es sich selbst und sein Selbst aus dem Schoß des Therapeuten gebiert.

Über die Erfahrung der Konfrontation mit dem Therapeuten als Übertragungsmutter und mit der realen Mutter und/oder deren Ersatzperson stellen sich Fragen und Neuordnungsversuche über das eigene Geschlecht, seinen Wert und seine Gestaltungsmöglichkeiten.

Auf dem Boden der gewachsenen Vertrauensbeziehung findet das Kind den Mut, sich mit dem Mißbrauchstrauma auseinanderzusetzen. Angst, Schuld und Selbsthaß sind die durchzuarbeitenden Themen, die sich in der Übertragung und der immer neu erfolgenden Prüfung der Realbeziehung darstellen. Inhaltlich können sie Form gewinnen durch den Einsatz ausdrucksfördernder kreativer Medien, die Affekte wie Wut und Haß ansprechen (so Ton und Fingerfarbe).

Hier ist der Widerstand vor allem gegenüber der Relativierung des Idealbildes des Tätereiternteils oft ebenso groß wie die Angst, sich mit dem mißbrauchenden Aspekt des Täters zu befassen. Um die Mißbraucherfahrung zu überleben, baut sich das Kind oft eine fantasierte Welt auf, wo es sich mit einem Ideal beschäftigt und mit ihm verschmilzt. Ich halte diese Arbeit an den idealisierten, nicht relativierten Bildern für eine der wesentlichsten Aufgaben psychodynamisch orientierter Therapie von Inzestopfern. Sie kann fundiert und langfristig wirksam meist erst in der stark übertragungsorientierten Arbeit mit einem Therapeuten desselben Geschlechtes wie der Täter geleistet werden.

Auf jeden Fall sollte auf eine supportive Phase in der Therapie in deren Mittelteil eine konflikthafte Bearbeitung auch der Übertragung erfolgen. Dabei ist die Gratwanderung zu beachten zwischen Aufrechterhaltung der grundsätzlichen positiven und vertrauensvollen therapeutischen Beziehung und Risiken in konflikthafter Auseinandersetzung bis hin zur Bearbeitung von sogenannter Negativübertragung. Der Therapeut gerät hier oft in die Rolle des versagenden Teils der Mutter.

In der Mittelphase der Therapie wird das Unbewußte durch die Intensivierung der Übertragung, den Gebrauch von regressionsfördernden kreativen Medien und durch leib- und bewegungstherapeutische Interventionen besonders angeregt. Die Vorgehensweise ist immer dem Entwicklungsalter des Kindes angepaßt. Eine adäquate Spiegelung des Kindes ist stets ebenso nötig wie das Setzen von Grenzen und die Authentizität der realen Beziehung.

Eine der schwierigsten Themen in der Behandlung von Inzestopfern ist die Begleitung der Frage nach dem Sinn der Erfahrung. Hier kommen die Schuldfrage und die Diskussionen um Verantwortlichkeit in den Vordergrund. Die Durcharbeitung dieser Themen ist neben der nachsozialisierenden Erfahrung in der Übertragung und dem Eingestehen von Wut gegenüber den Eltern grundlegend für die Modifikation der Selbstwahrnehmung und Selbstbewertung.

5.3.4 Probleme der Integrations- und Abschlußphase der Therapie

Das bisher Erreichte bildet den Boden für Integration, Neuorientierung und Abschieds- und Trauerarbeit in der Therapie. Die Crux in der Kindertherapie scheint mir, daß ein gewisses Maß an Integration zwar möglich ist, sofern die Familie sich im Behandlungsprozeß mitbewegt, daß der Integration aber

Grenzen gesetzt sind durch den noch unfertigen Horizont des Kindes, seine sich noch weiter fortsetzende Entwicklung und die erst ab dem Jugendalter vollständig ausgebildete Zeitperspektive. Letzteres verweist besonders den Trauerprozeß und die vollständige kognitive Verarbeitung des Erlebten auf eine Wiederaufnahme der therapeutischen Arbeit im Erwachsenenalter. Daß das Kind sich konfrontiert mit dem, was passiert ist, daß es wagt, zu fühlen, was jetzt ist, dies auch ausdrückt und anmeldet, erscheint mir umso wichtiger, auch wenn und gerade weil es eigentlich den Horizont und die Bewältigungskapazität des Kindes überschreitet, daß Sozialisationsbedingungen, die ihm zugestanden hätten, ausblieben und stattdessen Verletzungen passierten, die zwar in einem Wundheilungsprozeß gepflegt werden können, die aber als Narbe nicht mehr wegzumachen sind. Wir werden keinem Kind die Mutter, der Vater, sein können, die es gebraucht hätte. Wir können ein Stück nachsozialisierende Wiedergutmachung und Prophylaxe ermöglichen. Wir können dem Kind helfen, wütend und traurig zu sein über den Verlust der Integrität in der Vergangenheit und in der Familie; über den Verlust eines Elternteils, der vielleicht die Folge der Familienbehandlung ist; über den Verlust des parentifizierten Sonderstatus in der Familie und über das Gefühl, daß das erlebte Schicksal auch etwas bedeutet, was das Kind von anderen trennt. Vielleicht kann das Kind auf diesem Boden und an unserem Modell seine Lust, seinen Ekel, seine Sexualität und Lebendigkeit zumindest als Entwicklungsmöglichkeit wiederentdecken; das wesentliche ist auch hier die adäquate Spiegelung im Auge des Therapeuten, das Erfahren der guten Berührung und die Erfahrung, daß Erleben des Leibes und der Geschlechtsidentität möglich sind ohne den Kontext von Gewalt, Grenzüberschreitung und Mißbräuchlichkeit.

Es entsteht vielleicht eine etwas andere Landschaft in der Innenwelt durch die Internalisierung guter Beziehungserfahrung und das Loslassen von Selbstentwertung, die es dem Kind ermöglicht, in der Außenwelt seine Interaktionen anders zu erleben und zu gestalten. Durch die Erfahrung mit dem bedeutungsvollen Anderen in der Therapie und deren Generalisierung in der Realität kann sich das Kind wiederfinden als das, was es ist, ein lebendiges, liebenswertes Wesen mit dem einmaligen Wert seiner Identität. Vielleicht kann es sich erhalten als inneres Kind des Erwachsenen, in den es hineinwächst und dessen Fürsorge und Achtung so anempfohlen sein, daß traurige Wiederholungen der beschädigenden Beziehungserfahrung in späteren Partnerwahlen nicht unbedingt nötig sind.

Je nach Indikation und Setting kann ergänzend zur Einzeltherapie oder an deren Stelle auch Gruppentherapie sinnvoll sein. Dies gilt vor allem für Jugendliche. Sie ermöglicht Überwindung von Isolation, Solidaritätserfahrung Gleichbetroffener, die Erhöhung sozialer Kompetenz und bietet eine Alternative zur Einzeltherapie, wenn wegen ihrer Dichte die Ichbestände zu sehr bedroht würden. Voraussetzung ist aber auch, daß die Ichstruktur so stabil und differenziert ist, daß Gruppenfähigkeit gegeben ist.

6. Zur Rolle des Therapeuten in der Behandlung sexuell mißbrauchter Kinder (vgl. FRIEDRICH 1990)

Das starke, oft polarisierte Engagement vieler Helfer, die sich mit Mißbrauch und Gewalt beschäftigen, drückt aus, wie sehr wir von der Dynamik so brisanter Themen mitgerissen werden können bis hin zum Verlust jener Äquidistanz, die wir benötigen, um konstruktiv und zielführend und den Entwicklungs- und sozialen Bedingungen des Kindes genügend an unsere diagnostische und therapeutische Arbeit heranzugehen. Die meisten von uns Therapeuten haben in unseren Herkunftsfamilien ein Training der Parentifizierung und des narzißtischen Mißbrauchs erfahren, das uns in Qualitäten wie Verstehen und Unterstützen zu Spezialisten hat werden lassen. Dies stellt eine Gefahr dar, andere Seiten psychosozialer Intervention wie die Fähigkeit zur Konfrontation, zur Leidenschaftslosigkeit des Geistes und zum Konflikt zu vernachlässigen. Deshalb ist es um so nötiger, unsere Gegenübertragungen zu kontrollieren, je mehr unsere Klienten, vor allem unsere kindlichen Klienten, an unser eigenes verletztes Kind rühren. Für den Therapeuten, der mit Kindern und Frühstörungsmanifestationen arbeitet, ist die Fähigkeit der Distanzierung vom eigenen Kinderschicksal ebenso unentbehrlich wie die Fähigkeit zur Herzensliebe und zum leidenschaftlichen Engagement für die Sache. Für die Arbeit mit Mißbrauchten ist eine Grundlage die Verarbeitung der eigenen Opfer- und Mißbrauchserfahrung und der resultierenden Abwehrstrukturen; ebenso die Kenntnis der eigenen psychosexuellen Entwicklung und der eigenen erwachsenen Sexualität. Gerade im Umgang mit diesen Kindern und ihren Familien müssen wir uns stellen unseren tabuisierten Gegenübertragungsreaktionen, Anfechtungen und Verführbarkeiten sowie dem Täter in uns. Das Thema des Kindes als erotisch und sexuell ansprechendes Wesen, der Schönheit des kindlichen Körpers darf ebenso wenig ein verbotenes Terrain sein wie die Konfrontation mit dem Grauen der an Kindern und Jugendlichen verübten Gewalttaten und der Seelenlandschaft der Täter.

Viele unserer kindlichen und erwachsenen Klienten mit Mißbrauchserfahrung sind aufgrund ihrer Verarbeitungsmodi nicht immer leicht zu mögen. Die Arbeit mit Mißbrauchten ruft beim Therapeuten das Thema der Verführbarkeit durch die Ausübung von Macht und den Kampf mit der Ohnmacht, sei es nun daß wir agieren als eigenmotivierte Anwälte oder als selbsternannte Salomone, sei es daß wir stecken bleiben in Resignation und Hilflosigkeit, die immer eine Verstrickung mit dem System ist.

Da die Arbeit im Feld sexuellen Mißbrauchs oft nicht oder nur unzugänglich gelingt, muß der Therapeut mit Beschränkung und Scheitern umgehen können. Er sollte, gerade dann, wenn es schwierig wird, einen klaren Kopf bewahren für die Gefahr des Verschwimmens der Grenzen seiner verschiedenen Rollen: Allparteilicher, nachsozialisierende Elternfigur, mitleidender Erwachsener, empathisches Kind, forensischer Kriminalist, Berater, Pädagoge, Teil des Systems. Es ist schwer, in dieser Rollenvielfalt klar zu bleiben, zu merken, wann ich selbst Hilfe brauche, die Notwendigkeit zur Entmischung von Herzensliebe und Liebe als Begehren stets zu sehen, mich nicht zu verstricken in Agieren in eigener Sache. Es ist schwer, die nötige Distanzierungsarbeit immer wieder zu leisten, ohne dabei im Herzen lau zu werden und mit den Energien auszubrennen.

Schauen wir ein letztes Mal auf unsere Familie und auf Nicole.

Ich lade Sie ein, einige Augenblicke lang Ihren Fantasien nachzuhängen, wie wohl dieser therapeutische Prozeß verlaufen würde...

Ich lade Sie ein, einige Augenblicke lang Ihren Fantasien nachzuhängen, wie wohl dieser therapeutische Prozeß verlaufen würde, wie Nicole wohl ihre Zukunft gestalten wird. Wieviel an unentrinnbaren Schatten, an Beschädigung, an Chance für neues Leben, an reicher Entwicklung ihre sein werden.

Ich lade Sie ein, dies zu tun, indem ich an Sie drei von Männern stammende Zitate weitergebe, die ich bei zwei männlichen Autoren abgedruckt gefunden habe, die sich intensiv mit unserem heutigen Thema befaßt haben.

EUGENE O'NEILL ("Eines langen Tages Reise in die Nacht"):

> *"Ich werde immer eine Fremde sein, die sich nie daheim fühlt, die nicht wollen kann, auch nicht gewollt wird, die nie dazugehören kann und die immer ein wenig verliebt sein wird in den Tod."*

JOHANN WOLFGANG VON GOETHE ("Wilhelm Meisters Lehrjahre"):

"Kennst du das Land, wo die Citronen blühn,
Im dunklen Laub die Goldorangen glühn,
Ein sanfter Wind vom blauen Himmel weht,
Die Myrte still und hoch der Lorbeer steht,
Kennst du es wohl?
Dahin! Dahin
Möcht ich mit dir, o mein Geliebter, ziehn!

Kennst du das Haus? auf Säulen ruht sein Dach,
Es glänzt der Saal, es schimmert das Gemach,
Und Marmorbilder stehn und sehn mich an:
Was hat man dir, du armes Kind, getan?
Kennst du es wohl?
Dahin! Dahin
Möcht´ ich mit dir, o mein Beschützer, ziehn!

Kennst du den Berg und seinen Wolkensteg?
Das Maultier sucht im Nebel seinen Weg;
In Höhlen wohnt der Drachen alte Brut;
Es stürzt der Fels und über ihn die Flut:
Kennst du ihn wohl?
Dahin! Dahin
Geht unser Weg; o Vater, laß uns ziehn!"

ERIK H. ERIKSON ("Young Man Luther"):

> *"Eines Tages, vielleicht, wird es eine wohlinformierte, wohlüberlegte und doch leidenschaftliche öffentliche Meinung geben, daß die tödlichste aller möglichen Sünden die Verstümmelung der kindlichen Seele ist."*

Diskussion

Frage/Anmerkung

Zwei kurze praktische Fragen. Zum einen, wie motiviert man so eine Familie an einer Therapie teilzunehmen und zum anderen, wer gibt den Auftrag für eine Therapie?

Schneewind

Ja ich glaube, daß eine Therapie nicht beauftragt werden kann ohne daß die Betroffenen den Auftrag geben. Das ist eine Schwierigkeit, wenn es sich um einen Zustand handelt, der sofort beendet werden muß. Wenn wir Glück haben, können wir uns auf das Gesetz beziehen. Sexueller Mißbrauch ist verboten. Ich denke, daß die Motivation der Familie in dieser ersten Phase ganz wichtig ist. Und ich habe versucht anzudeuten, daß eben das, daß was viele von uns gerne machen, nämlich Gefühle ansprechen, Resonanzen evozieren, daß das oft nicht geht, weil es viel zu bedrohlich ist. Und daß man sich dazu auf neuere Entwicklungen in der Familientherapie stützen muß. Systemische, strukturelle Ansätze, die sehr wertvolle Zugangsweisen zu Familien entwickelt haben, die nicht gleich ins Zentrum der Psychodynamik stechen. Mir war ganz wichtig, Ihnen zu sagen, daß eine der Schwierigkeiten im Umgang mit sexuellen Mißbrauch die ist, das Tempo der Familie und die Motivation der Familie zu achten. Und das ist manchmal schwer auszuhalten. Das ist sehr kontrovers diskutierbar. Ich habe hier einen Standpunkt vertreten, daß der Täter aus der Familie muß und nicht das Kind, wenn irgendwie möglich; aber wie angedeutet, haben wir ja auch damit zu tun, daß in der Mitte von irgendwelchen Prozessen plötzlich ein Verdacht aufkommt oder ein Hinweis, und dann sitzen wir da mit der ganzen Geschichte. Ich habe keine Rezepte dafür.

Frage/Anmerkung

Im strafrechtlichen Sinne, ist es ein Sozialdelikt oder ein Anzeigedelikt?

Schneewind

Ich denke, das wird variieren mit der Rechtsprechung des jeweiligen Landes. Wir können uns ja auf bundesrepublikanische Gesichtspunkte beschränken. Sexueller Mißbrauch von Kindern und Jugendlichen ist strafbar. Niemand ist zur Anzeige verpflichtet. Beim Lesen der angelsächsischen Literatur hatte ich den Eindruck, daß die Therapeuten dort schon mehr Fertigkeiten entwikkelt haben, äußerst klar zu sein oder/und sie erfahren eine andere Unterstützung durch die Rechtslage.

Frage/Anmerkung

Welche Medien können in der Diagnostik angewendet werden?

Schneewind

Ja, das ist auch immer eine Frage des individuellen Falles. Ich würde sagen, ganz bestimmt keine, die tiefe Regressionen fördern, wie Ton und Fingerfarben. Das ist etwas für die Mittelphase der Einzelbehandlung. Vielleicht, das ist die klassische Form, läßt man etwas malen. Und die Kinder sind doch, wenn sie merken, daß sie gut aufgehoben sind, und vor allem, daß sie in ihrer Angst geschützt werden, doch bereit, auch Hinweise zu geben. Und die Angst des Therapeuten bei der Enthüllung ist manchmal größer als die Angst des Kindes.

Frage/Anmerkung

Welche Rolle spielt der Lehrer?

Schneewind

Sprechen Sie in eigener Sache? Ja, ich finde das immer eine schwierige Frage. Ich denke, daß es sehr auf den einzelnen Fall ankommt, inwieweit der weitere Kontext mit einbezogen wird. Letztlich denke ich, ist sexueller Mißbrauch etwas, was aufgrund der Tatsache, daß die Grenzen so sind wie sie sind, innerhalb der Familie gehandhabt werden sollte. Ich selbst habe mir den zitierten Fall konstruiert, weil ich nicht in die Komplexität von Rückfragen bei ehemals Behandelten und Datenschutzgesetz usw. einsteigen wollte; ich habe ihn sozusagen zusammengebastelt aus vielen Fällen, die ich kenne. Und ich denke, ich habe einen Lehrer genommen, einen Mann, mit Absicht. Weil ich einfach auch weiß, daß das Tor zur Behandlung Rückschlüsse erlaubt auf den Fall selbst. Ich habe einen Kontext gewählt, die Turnstunde, sie ist auch eine heikle Sache hier. Der Lehrer ist da als Mann und macht den Turnunterricht, und das Kind will sich nicht ausziehen; und wenn man sehr genau hinhört was er sagt, dann könnte man sich fragen, was heißt das? Es ist wichtig, den Überweisungskontext sehr genau anzuschauen, auf eventuelle verschlüsselte Hinweise darauf, was ich nachher erfahre.

Frage/Anmerkung

Jetzt noch eine andere Frage. Wie sieht der Kontext bei sexuellem Mißbrauch von Jungen aus?

Schneewind

Das kann sehr unterschiedlich sein. Es kann ein Strichjunge sein, der aufgegriffen wird und dann zum Zwangsvollzug gebeten wird; oder es kann ein erwachsener Mann sein, der immer wieder Schwierigkeiten mit Frauen hat und nicht weiß warum. Und irgendwann im dritten Behandlungsjahr werden wir feststellen, daß er vielleicht von seinem Vater, vielleicht von einem Onkel, sexuell mißbraucht wurde. Ich glaube, es ist ja doch wahrscheinlich so, daß bei Jungen die Dunkelziffer noch größer ist, und das könnte man auch so interpretieren, sozialpsychologisch gesehen, daß der Opferstatus zu einem Mann nicht paßt. Und daß es noch viel beschämender ist für den Jungen und den Mann, in diese Rolle zu geraten. Ich habe einige Erfahrungen gesammelt mit Erwachsenen, mit der Aufdeckung sexuellen Mißbrauchs auch durch den Vater und fand es ganz außerordentlich schwierig, weil das Thema für den Mann mit Panik vor Identitätsverlust besetzt ist. Meistens haben die Männer Angst, homosexuell zu sein. Und über diese Schiene kommt man manchmal dazu, den Mißbrauch aufzudecken.

Frage/Anmerkung

Ich habe eine Frage zum Einsatz der Familientherapie. Wenn Sie einen Fall hätten, wo das Mädchen von den Eltern in die Klinik gebracht wurde (der Auftrag also durch die Eltern geschah). Im Verlaufe des Klinikaufenthaltes entwickelt das Kind Symptome. Unter Zuhilfenahme vielleicht des Lehrers oder des Jugendamtes können die Verdachtsmomente erhärten werden. Sie organisieren eine Helferkonferenz, die in gewisser Weise hintenherum gegen die Eltern läuft. Wie sehen Sie die Chance, die Familie noch für eine Familientherapie zu gewinnen?.

Das ist eine Situation, in der ich mich in der Klinik oft befinde.

Schneewind

So wenig "hintenrum" wie möglich. Und Sie haben ja die Möglichkeit, die Eltern einzeln zu sehen. Ich glaube das immer mehr, daß es ganz abhängig ist davon, wie im guten Sinne distanziert Sie sind zu der Sache; in der Institution ist das oft noch schwieriger, weil sich sofort ein psychodynamisches Potential bei allen, die es wissen, aufschaukelt; und dann haben Sie eine verwirrende Psychodynamik, auch der Mitarbeiter; dann kommen Werthaltungen hinzu, und schon hat man die Übersicht verloren. Deshalb denke ich, ist die innere Distanzierung immer ganz wichtig, und deshalb finde ich auch, sollten solche Probleme immer nur von zwei Therapeuten gelöst werden; so zügig wie möglich und so sorgfältig wie nötig. Es wird wichtig sein, sich sehr zu überlegen, wer spricht mit einem Vater, von dem alle denken, er mißbraucht sein Kind sexuell. Wer kann das wirklich? Wer kann den Täter auch verstehen und annehmen? Das denke ich, sind die Faktoren, die eine Rolle spielen. Ich habe keine Patentrezepte; ich denke, daß, wenn Sie diese Dinge im Auge behalten, Sie dann eine Lösung finden werden, die im Rahmen der Möglichkeiten des Kindes, der Familie und der Einrichtung liegt; ob sie dann hilft, das wissen wir nicht.

Es gibt eine implizite Theorie in dem, was ich sagte; daß Inzest etwas mit früher Konfluenzerfahrung oder überhaupt mit verschwommenen Grenzen zu tun habe, mit einer frühgescheiterten Mutter-Kind-Beziehung über mehrere Generationen; daß es viele Verwicklungen gibt; und das ist natürlich jetzt auch sehr kontrovers zu diskutieren, daß dies hier recht analytisch gesehen ist, auch daß aus einer solchen Verstrickung, wie wir sie in Inzestfamilien finden, oft das männliche, klardenkende, orientierende Prinzip als Organisator des Falles heraushelfen kann. Das kann auch eine Frau sein. Wir können uns streiten darüber, daß ich hier konservative Geschlechtsrollenstereotype vertrete; meine Erfahrung in der Kindertherapie ist, daß es ganz hilfreich für alle Betreffenden ist, sich auf das zu stützen, was tradiert ist und was sich bewährt hat. Damit habe ich recht gute Erfahrungen gemacht.

Frage/Anmerkung

Wie beeinflußt die Rechtslage das Vorgehen mit Inzestfamilien?

Schneewind

Beim Lesen der Literatur dachte ich oft, wie schaffen die Amerikaner das, was wir hier oft nicht schaffen. Was ist denn da anders? Ich kann Ihnen die Frage nicht beantworten. Ich glaube, ob ich Täter dazu motivieren kann oder nicht, ist abhängig von der Distanzierung und Klarheit, die ich aufbringe, von der Bereitschaft den Täter zu sehen als Subjekt in seinem Schicksal und nicht parteilich zu sein.

LITERATUR

ANDOLFI, M./ANGELO C./MENGHI, P./NICOLO-CORIGLIANO, A.M.: Behind the family mask: Therapeutic changes in rigid family systems. Brunner & Manzel, New York, 1983.

FRIEDRICH, W.N.: Psychotherapy of sexually abused children and their families. Norton, New York, London, 1990.

FÜRNISS, T./PHIL, M.: Therapeutische Intervention bei sexueller Kindesmißhandlungs. Monatsschrift für Kinderheilkunde 134: 340-344, 1986.

GARBE, E.: Martha. Psychotherapie eines Mädchens nach sexuellem Mißbrauch. Votumverlag Münster, 1991.

GELINAS, D.J.: Family therapy: Critical early structuring. In: SGROI, S.M. (Ed.): Vulnerable populations (Bd. 1, 51-77). Lexington Books, Lexington MA, 1988.

HIRSCH, M.: Realer Inzest. Psychodynamik des sexuellen Mißbrauchs in der Familie. 2. Auflage. Springer, Berlin, 1990.

LARSON, N.R./MADDOCK, J.W.: Structural and functional variables in incest family systems: Implications for assessmant and treatment. In: TREPPER, T.S./BARRETT, M.J. (Ed.): Treating incest: A multiple systems perspective. Haworth Press, New York, 1986.

MINUCHIN, S.: Families and family therapy. Harvard Univ. Press, Cambridge MA, 1974.

Christine Gaenslen-Jordan, Natascha Wehnert-Franke, Hertha Richter-Appelt

Prävention von sexuellem Mißbrauch Zwischen Ohnmacht und Handlungsdruck

Dieser Beitrag entstand mit Unterstützung der Deutschen Forschungsgemeinschaft (Projekt II A 4 Ri 558)

Wer sich mit dem Thema sexueller Mißbrauch von Kindern beschäftigt, wird damit konfrontiert, daß es keine schnellen, einfachen Lösungen gibt, um das Problem "in den Griff" zu bekommen. Diese Arbeit wird immer auch von Ohnmachtsgefühlen, Verletzungen, Wut und anderen heftigen Gefühlen begleitet. Dem Ziel, daß alle Kinder vor sexuellen Übergriffen geschützt sind, können wir uns nur annähern, indem wir uns durch das Spannungsfeld zwischen den Polen von Handlungsdruck und Ohnmacht, Nichtstun und Restriktion, Verschleierung und Panikmache bewegen.

Zum Begriff der Prävention

Die Prävention von sexuellem Mißbrauch ist auf drei Ebenen möglich: In der primären Präventionsarbeit wird versucht, die Entstehung des sexuellen Mißbrauchs zu verhindern. Sekundäre Prävention meint das frühzeitige Aufdekken und Unterbinden eines bereits geschehenen Mißbrauchs. Mit dem Betriff der tertiären Prävention wird die angemessene Betreuung von Kindern bezeichnet, die Opfer von sexuellem Mißbrauch geworden sind (MILLER-PERRIN/WURTELE 1988).

Auf jeder dieser Ebenen sind Erwachsene und Kinder mögliche Zielgruppen von präventiver Arbeit. Erwachsene wie auch Kinder können in ihren potentiellen oder realen Rollen als Opfer, Täter oder Zeugen angesprochen werden.

Tatsächlich aber existieren zur Zeit fast ausschließlich Präventionskonzepte, die sich an Kinder als potentielle Opfer wenden. In der Präventionsarbeit wird also bisher weitgehend ausgeklammert, daß aus Mädchen und Jungen nicht nur Opfer, sondern auch Täter und helfende oder untätige Zeugen werden können.

Noch viel gravierender ist aber, daß die präventive Arbeit mit Erwachsenen noch viel zu kurz kommt (Ausnahme z.B. MITZLAFF 1989). Hier sind vielfältige Ansätze und Zielgruppen denkbar.

Programme zur Prävention von sexuellem Mißbrauch

Die Programme zur Prävention von sexuellem Mißbrauch stammen zum größten Teil aus den USA, wo vor etwa fünfzehn Jahren, aus der Frauenbewegung heraus, mit dieser Arbeit begonnen wurde. In der Zwischenzeit sind dort eine unüberschaubare Vielzahl von Programmen auf dem Markt, die seit wenigen Jahren auch in der Bundesrepublik diskutiert und in kleinem Umfang ausprobiert werden. Die vorhandenen Programme wenden sich fast ausschließlich an Vorschul- und Schulkinder. Sie haben sich zum Ziel gesetzt, Kinder und Jugendliche darüber zu informieren, daß es sexuellen Mißbrauch gibt und was darunter verstanden wird. Darüberhinaus sollen sie im Falle eines Übergriffes zu aktivem Handeln ermutigt werden. Sehr kurz gesagt liegt ihnen der Gedanke zugrunde, daß Kinder besser vor sexuellen Übergriffen geschützt sind, wenn sie um die Gefahr wissen und wenn sie lernen, ihren eigenen Gefühlen zu trauen, sich zu wehren, "Nein" zu sagen, wegzulaufen und sich mitzuteilen. Der Slogan lautet: "say no, run and tell".

Als Medien werden Malbücher, Comics, Geschichten, Filme und Theaterstücke genutzt. Die Methoden reichen von Gruppendiskussionen über Rollenspiele bis hin zu Selbstverteidigungsübungen.

Zur Illustration soll zunächst das in der Bundesrepublik wohl bekannteste Programm dargestellt werden, das "Child Assault Prevention Project", abgekürzt CAPP, das, als eines der ersten, Ende der Siebziger Jahre von einer feministisch orientierten Gruppe von Frauen in den USA entwickelt wurde. In der Zwischenzeit gibt es einige Variationen und Erweiterungen dieses Programms (z.B. FEY 1991). Die Grundform sieht folgendermaßen aus (COOPER et al. 1983):

Das CAPP-Programm richtet sich an Mädchen und Jungen von fünf bis 18 Jahren. In der Vorbereitungsphase eines workshops führen die Frauen des CAP-Projekts einmalige ein- bis zweistündige Informationsveranstaltungen für die Eltern und für die Lehrerinnen und Lehrer durch. Darüber hinaus nehmen sie Kontakt mit den lokalen Beratungseinrichtungen auf. Das ist notwendig, da sich immer auch bereits betroffene Kinder in der Gruppe befinden, für deren Unterstützung rechtzeitig gesorgt werden muß. Dann gehen zwei Trainerinnen in die Schulklasse. Zunächst sprechen sie mit den Kindern über ihre Rechte, vor allem über die Rechte, sicher, stark und frei zu leben und über den eigenen Körper selbst zu bestimmen. Im nächsten Schritt werden diese Rechte durch drei kurze Rollenspiele konkretisiert. In der ersten Szene versucht ein älteres Kind von einem jüngeren Geld zu erpressen. Im zweiten Rollenspiel versucht ein Fremder, ein Kind auf dem Spielplatz zu überreden, mit ihm zu kommen. Im dritten Sketch schließlich möchte "Onkel Harry" von seiner Nichte einen Kuß erzwingen und setzt sie unter Druck, dies geheim zu halten.

Die Szenen werden in einem ersten Durchgang von den Trainerinnen vorgespielt und zwar jeweils derart, daß das Kind sich nicht wehren kann und unterliegt. Dann werden in der Klasse Strategien erarbeitet, wie sich das Kind in dieser Situation helfen könnte, also beispielsweise "Nein" sagen, laut schreien, sich körperlich wehren und jemanden um Hilfe bitten. Danach werden die Szenen in einem zweiten Durchgang nochmals gespielt. Diesmal beteiligen sich die Kinder an den Rollenspielen und üben die verschiedenen Widerstandsformen, die dann auch zu einem, für das Kind positiven Ausgang der Situation führen. Am Ende wird den Kindern oder Jugendlichen angeboten, im Anschluß an den workshop in Einzelgesprächen mit den Trainerinnen oder ihrer Lehrerin oder ihrem Lehrer über persönliche Probleme zu sprechen.

Neben mehr oder weniger umfangreichen Programmen, die einen Kurs für Kinder einschließen, gibt es auch Materialien, die in unterschiedlichen Zusammenhängen und von verschiedenen Personen eingesetzt werden können.

Zwei Beispiele dieser Art sollen hier erwähnt werden. Es handelt sich um zwei Malbücher für Kinder ab vier Jahren, die in der BRD entwickelt wurden.

Das erste heißt "Kein Küßchen auf Kommando" (MEBES/SANDROCK) und ist seit 1988 auf dem Markt. In diesem Malbuch werden verschiedene Arten von Küssen beschrieben, die sich unterschiedlich angenehm oder unangenehm anfühlen. Die Botschaft des Heftes lautet: Angenehme und unangenehme Küsse dürfen abgelehnt werden. Es ist das Recht des Kindes, nein zu sagen. Wenn es sich alleine nicht durchsetzen kann, soll es sich Hilfe suchen.

Das zweite Malbuch heißt "Mein Körper gehört mir" und wurde von PRO FAMILIA, Darmstadt (1989) herausgegeben. Das Konzept dieses Heftes ähnelt dem von "Kein Küßchen auf Kommando". Hier werden verschiedene Berührungen und die Gefühle, die sie begleiten, beschrieben. Neben dem Recht auf Nein-Sagen und der Aufforderung, sich Hilfe zu holen, wird hier noch betont, daß der Körper etwas ganz besonderes sei und jedes Kind stolz auf seinen Körper sein könne.

Im Gegensatz zum Buch von MEBES/SANDROCK (1988) gibt es in "Mein Körper gehört mir" ein Vorwort mit Erläuterungen und Anregungen für die Erwachsenen, wie sie mit Hilfe des Heftes mit Kindern über sexuellen Mißbrauch ins Gespräch kommen können.

Ich bin stolz auf mich und meinen Korper

Manchmal mochte ich jemand nahe sein
Dann beruhren sich unsere Korper

Aus: PRO FAMILIA, Darmstadt (1989) " Mein Körper gehört mir"

In beiden Heften wird sexueller Mißbrauch nicht direkt angesprochen, jedenfalls nicht in dem Teil, der für die Kinder bestimmt ist. Und es geht auch nicht um Sexualität im engeren Sinne. Es werden zum Beispiel keine nackten Körper und keine Geschlechtsteile gezeigt. Mit beiden Malbüchern ist aber der Anspruch verbunden, zur Verhinderung von sexuellem Mißbrauch beizutragen.

Kritik an den Präventionsansätzen

Nach einer Phase von fast euphorischen Begeisterung über Programme wie CAPP wird in der letzten Zeit in den USA, aber auch hierzulande (SALLER 1989, WEHNERT 1990), Kritik laut. Sie betrifft vor allem die Durchführung dieser Programme, ihre Effektivität und ihre Konzeption. Zwei Einwände erscheinen dabei besonders wichtig:

Der erste Kritikpunkt betrifft den Umgang mit Sexualität. In den meisten Programmen wird nicht offen über Sexualität gesprochen. Vermieden wird beispielsweise, Geschlechtsteile und sexuelle Handlungen konkret beim Namen zu nennen (THARINGER et al. 1988). Stattdessen ist die Rede von "private zones" (Intimbereich) und "places usually covered by a bathing suit" (Körperteile, die normalerweise von einem Badeanzug bedeckt sind). Wenn es um sexuelle Übergriffe geht, wird von "touching in private areas" (Berührungen im Intimbereich), "touching all over" (überall berührt werden) oder von "touching under the panties" (Berührungen unter der Unterhose) gesprochen. Diese Vermeidung ist Ausdruck der Anpassung und Rücksichtnahme an die in den USA herrschende Norm, nach der über Sexualität nicht gesprochen werden soll, zumindest nicht explizit und erst recht nicht mit Kindern. Diese Ausblendung hat fatale Konsequenzen.

Kinder können nicht begreifen, was sexueller Mißbrauch ist, wenn er als "touching all over" beschrieben wird (FINKELHOR 1986). Wer solche Begriffe verwendet, stiftet Verwirrung, verharmlost und verschleiert die Verletzung, die Demütigung, die Beschämung und Hilflosigkeit, die die Realität von sexuellem Mißbrauch ausmachen. Vermittelt wird die doppeldeutige Botschaft: "Ich will dich vor sexuellem Mißbrauch warnen, aber ich sage dir nicht, was das ist."

Den Kindern und Jugendlichen wird darüberhinaus kein angemessenes Vokabular zur Verfügung gestellt. Dadurch wird verhindert, daß sie über Sexualität, über ihren eigenen Körper und möglicherweise über sexuelle Übergriffe sprechen. Gleichzeitig werden sie aber explizit dazu aufgefordert, von sexuellen Mißbrauchserfahrungen zu erzählen. Die Doppeldeutigkeit dieses Vorgehens beschreibt ANDERSON (1986) folgendermaßen: "Du kannst mit mir über sexuelle Mißbrauchserfahrungen sprechen, es ist nicht deine Schuld, wenn dir so etwas passiert ist, du bist ok. Aber dein Körper ist so schlecht, daß ich noch nicht einmal aussprechen kann, was unter deinem Badeanzug ist" (ebd. S.21, übersetzt von CGJ).

Neben dieser Tabuisierung wird in den meisten Programmen kein Bezug auf lustvolle Erfahrungen mit Sexualität genommen, wie etwa positiv erlebte Doktorspiele oder Selbstbefriedigung. Gefühle und Phantasien im Zusammenhang mit Sexualität kommen viel zu kurz.

Zusammenfassend läßt sich zu diesem Kritikpunkt sagen, daß explizit in den meisten Programmen auszublenden versucht wird, daß sexueller Mißbrauch mit Sexualität zu tun hat, implizit aber ein diffuses, verwirrendes, geheimnisvolles und überwiegend negatives Bild von Sexualität transportiert wird. Dadurch sind sie in unseren Augen ungeeignet zur Prävention von sexuellem Mißbrauch.

Die Malbücher "Kein Küßchen auf Kommando" (MEBES/SANDROCK 1988) und "Mein Körper gehört mir" (PRO FAMILIA, Darmstadt 1989) haben nicht denselben umfassenden Anspruch wie beispielsweise das CAPP-Programm.

Aber es stimmt schon sehr nachdenklich, wenn in Materialien zur Prävention von sexuellem Mißbrauch, deren Schwerpunkt auf dem Thema Berührungen und Körpergefühl liegen, keine nackten Menschen zu sehen sind und wenn Körperteile, die mit ganz intensiven und besonderen Gefühlen verbunden sein können, weder benannt noch dargestellt werden.

Der zweite Kritikpunkt betrifft das Konzept des "Empowerments". Den meisten Programmen und auch den beiden Malbüchern liegt der Gedanke zugrunde, Kinder und Jugendliche vor sexuellen Übergriffen schützen zu können, indem ihnen Mut zugesprochen wird und ihre "Abwehrkräfte" gestärkt werden, sie also "power" bekommen sollen. Auf diesem, als "Empowerment" bezeichneten Konzept, basieren nach einer Studie von THARINGER et al. (1988) etwa 60 % der gängigen Präventionsmaterialien in den USA. (Der überwiegende Rest der von THARINGER et al. untersuchten Programme verfügten über keine erkennbaren Konzepte.)

Empowerment ist ein ursprünglich aus der feministischen Frauenarbeit stammender Begriff. In Präventionsmaterialien findet er seinen Ausdruck in Botschaften wie "dein Körper gehört dir", "traue deinen Gefühlen" und "wehr dich".

Hinter diesen Aufforderungen stehen an sich wichtige Erziehungsziele. Als Konzepte für die Prävention von sexuellem Mißbrauch sind diese Grundideen jedoch mehr als fraglich. Hier wird ausschließlich das Ziel der Stärkung angesprochen und angestrebt. Kinder sind aber nicht nur selbstsicher, mutig, aufmerksam und laut, sondern manchmal auch unsicher, ängstlich, hilflos, schüchtern, folgsam und zaghaft. Diese andere Seite wird kaum berücksichtigt, und wenn, dann nur als Mangelzustände, die es schleunigst zu überwinden gilt.

Um die Botschaft des Empowerment-Konzepts überhaupt nachvollziehen zu können, muß ein Kind von klein auf im täglichen Zusammenleben mit seinen Bezugspersonen erfahren haben, daß es eine eigenständige Person ist, deren selbständiges Handeln respektiert und die in Gefahrensituationen geschützt wird. Gerade die am meisten gefährdeten Kinder bringen aber diese Voraussetzungen sicher nicht mit und können deshalb von derartigen Programmen kaum profitieren.

Aus: PRO FAMILIA, Darmstadt (1989) " Mein Körper gehört mir"

Aber selbst Kinder, die unter sehr günstigen Bedingungen aufwachsen, werden mit dem Widerspruch alleine gelassen, daß im normalen Schul- oder Kindergartenalltag Eigenschaften wie Selbstsicherheit, Widerständigkeit und Emotionalität nicht gerade gefördert, manchmal sogar mißbilligt werden.

Die inneren und äußeren Konflikte, die jedes Nein mit sich bringt, sowohl für Kinder als auch für Erwachsene, finden in der Regel kaum Erwähnung. Beispiele hierfür sind die Angst, den anderen durch ein Nein traurig zu machen, die Angst vor Strafe und der Wunsch nach der Zuwendung und Belohnung, die mit dem Ja-Sagen verbunden sind. In den Malbüchern taucht kein Kind auf, das beim, oder besser gesagt, vor dem Nein-Sagen in eine dieser typischen Zwickmühlen gerät. Solche Konflikte sind aber gerade das Entscheidende und das Komplizierte, wenn es um Abgrenzung geht. (Ein u.E. besseres Beispiel ist das Kinderbuch "Heimlich ist mir unheimlich" von WACHTER 1991.)

Die größte Gefahr des Empowerment-Konzeptes liegt darin, Kindern, die sich in einer Mißbrauchssituation nicht erfolgreich wehren konnten oder können, die Verantwortung für den Mißbrauch zuzuschieben. Ein Kind, das im Moment des sexuellen Übergriffs vor Angst gelähmt war und in der Schule jetzt hört, es hätte sich wehren sollen, wird sich doppelt ohnmächtig und einsam fühlen. Es muß zwangsläufig auf den Gedanken kommen, selbst Schuld zu sein, denn eigentlich, so die Botschaft, sei Widerstand, sei ein Nein immer möglich.

In der Arbeit mit erwachsenen Frauen, die in ihrer Kindheit sexuell mißbraucht wurden, wird deutlich, wie stark solche Schuldgefühle noch viele Jahre später sein können. Sie äußern sich in Sätzen wie "Ich hätte mich doch spätestens nach dem dritten Mal wehren müssen!" "Warum bin ich bloß nicht zu meiner Mutter, zu meiner Lehrerin gegangen?"

Eine Ursache liegt darin, daß es für die ehemals Betroffenen sehr schwer ist, die Gefühle von Ohnmacht und Aggression, die sie in oder nach der Mißbrauchssituation erlebt haben, auszuhalten und die Verletzung und den Verrat, die von der mißbrauchenden Person ausgingen, als solche zu erkennen. Die Selbstbeschuldigung ist ein naheliegender Weg, um das Gefühl des Ausgeliefertseins nicht wahrnehmen zu müssen und den Mißbraucher zu schützen.

Darüberhinaus werden den Opfern häufig vom Täter oder von Dritten Schuldgefühle eingeredet.

Die Präventionsarbeit, die auf dem Empowermentkonzept beruht, läuft, vermutlich unbeabsichtigt, große Gefahr, die bereits vorhandenen Tendenzen der Opfer, sich selbst zu beschuldigen, noch zu verstärken.

Ein Ausweg aus dieser Gefahr liegt meiner Ansicht nach darin, den Gefühlen der Verletzung und des Ausgeliefertseins genausoviel Raum zu geben wie dem Bemühen, Kinder zur Widerständigkeit zu ermutigen.

Ähnliches gilt für die Aufforderung, sich Hilfe zu holen, die eben in der Regel nicht verbunden ist mit der Information, daß viele Mißbrauchsopfer, wenn sie überhaupt wagen, es zu erzählen, immer wieder die leidvolle Erfahrung machen müssen, daß ihnen nicht geglaubt und Hilfe verweigert wird.

Ein extremes Beispiel sind Selbstverteidigungsübungen für Kinder. Hier wird der illusionäre Wunsch, die Kinder gleich stark oder sogar stärker als die Täter werden zu lassen, am deutlichsten. Es ist nicht nur eine völlige Überforderung, sondern gefährlich und absurd ein Kind aufzufordern, sich gegen einen Erwachsenen körperlich zu wehren. Im übrigen finden viele Mißbrauchssituationen in einem Kontext von Nähe und Vertrautheit statt. Plötzliche, von Anfang an körperlich gewalttätige Überfälle - meist von Fremden - sind viel seltener und werden in vielen Programmen überbetont.

Aber wenn ich mich dabei nicht wohl fühle, dann lasse ich mich nicht berühren. Ich sage „NEIN!" Ich alleine habe das Recht, über meinen Körper zu bestimmen. Und - du - auch!

Es kann vorkommen, daß man nicht auf dich hört, wenn du „NEIN" sagst. Dann such dir eine Person der du vertraust, die dir hilft und dich beim „NEIN - SAGEN" unterstützt!

Aus: PRO FAMILIA, Darmstadt (1989) " Mein Körper gehört mir"

Noch ein Wort zu den Selbstverteidigungsübungen. Für ein Kind kann es unter Umständen sehr stärkend und lustvoll sein, z.B. Judosport zu betreiben, neue Seiten und Fähigkeiten des eigenen Körpers kennenzulernen, ungeahnte Kräfte zu entdecken und einzusetzen. Kinder zur Selbstverteidigung (oder bestimmten Sportarten) anzuhalten mit dem Anspruch, sie dadurch vor sexuellen Übergriffen zu schützen, erscheint jedoch kontraproduktiv.

Das Konzept des Empowerments ist in der Präventionsarbeit mit Kindern untauglich, denn es vermittelt den Eindruck, die Kinder selbst hätten es in der Hand, ob sie mißbraucht werden oder nicht. Auf diesem Weg wird die Verantwortung für den sexuellen Mißbrauch einmal mehr von den erwachsenen Tätern und Mitwissenden auf die Opfer abgewälzt. Darüberhinaus wird mit dieser Art von Präventionsarbeit versucht, die Ambivalenzen, die mit dem Thema sexueller Mißbrauch auf allen Ebenen verbunden sind, zu verleugnen.

Ambivalenzen

In der Regel haben alle Personen, die in das Mißbrauchsgeschehen verwickelt sind, vielfältige, zum Teil unbewußte Gefühle. Das Opfer, die mißbrauchende Person, Mitwissende und helfende oder untätige Zeugen sind hin- und hergerissen zwischen Machtgefühlen und Hilflosigkeit, Wut und Angst, Lust und Abscheu, Bewegung und Gelähmtsein, Liebe und Haß, Einsamkeit und Verbundenheit. Meistens ist die Zwiespältigkeit nicht sichtbar, nicht bewußt.

Eine Seite wird abgespalten, delegiert oder vergessen, weil es den Menschen sonst zu zerreißen droht. Für das Kind beispielsweise ist es kaum auszuhalten, daß es mißhandelt wird und gleichzeitig besondere Zuwendung erfährt, daß es erniedrigt und aufgewertet, ausgenutzt und bevorzugt wird, daß es einsam ist und gleichzeitig im Mittelpunkt steht, daß es bedroht wird und andere schützen muß, daß es mitmacht und sich wehren möchte, daß es zerstören und erhalten will, daß es sich ekelt und wohlfühlt, daß es angezogen und abgestoßen ist (RUST 1990).

Doch auch wenn einzelne dieser Gefühle, einzelne Seiten der Person und der Beziehung abgespalten werden, sie bleiben dennoch unbewußt wirksam.

Diese Abspaltungstendenz überträgt sich auch auf alle, die indirekt mit dem sexuellen Mißbrauch zu tun haben, auf Helferinnen und Helfer und auch auf Forscherinnen und Forscher. Auch wir geraten immer wieder in Gefahr, die Spannung und Komplexität, die in dem Thema liegt, zu reduzieren, die Personen, Fakten und Theorien in richtig und falsch, in gut und böse aufzuteilen und uns auch in der KollegInnenschaft (im Sinne BALINTS) zu spalten.

Es gibt verschiedene Möglichkeiten, mit Ambivalenzen umzugehen (OTSCHERET, 1988). Problematische Reaktionen sind einerseits der Rückzug auf einseitige starre Positionen, der mit mühsamer Abwehrarbeit und einem teilweisen Verlust an Realitätsbezug verbunden ist. Oder andererseits die Erstarrung zwischen zwei Polen, die Handlungs- und Entscheidungsunfähigkeit zur Folge hat.

Ein fruchtbarer Umgang mit Ambivalenzen erfordert es, die Spannung wahrzunehmen, ihr Raum zu geben, sie auszuhalten und die verschiedenen Seiten als zusammengehörig zu begreifen. Nur auf diesem Weg ist eine wirkliche Entwicklung möglich.

Ich komme zurück zur Prävention von sexuellem Mißbrauch. Unserer Meinung nach sollte in der Präventionsarbeit mit Kindern und Erwachsenen die Stärkung, die Erziehung zum Protest und zur Widerständigkeit nicht mehr und nicht weniger Raum bekommen, als die Thematisierung von Verletzung, Angst und Hilflosigkeit. Sexueller Mißbrauch ist ein bedrohliches Thema. Wer etwas anderes behauptet oder anstrebt, macht sich und anderen etwas vor. Gleichzeitig gibt es aber immer auch die Veränderung, die Hoffnung und die Kräfte, die gegen den Mißbrauch wirken. Ziel von präventiver Arbeit sollte es sein, die Bedrohung anzusprechen, die Kinder und Erwachsenen damit nicht alleine zu lassen und gleichzeitig zu erarbeiten, welche Auswege es gibt und welche Kräfte jeder in sich trägt, um sich und andere zu schützen.

Wenn diese Spannung gehalten wird, werden betroffene Kinder und Erwachsene mit ihrem Veränderungspotential und ihrer Ohnmacht gesehen. Durch diese Bewußtmachung von Ambivalenzen lernen die Nichtbetroffenen, sich in die Situation von Opfern einzufühlen. Diese Einfühlung ist eine wichtige Voraussetzung dafür, daß Menschen nicht zu Mißbrauchern werden, und daß sie Hilfe nicht verweigern, sondern vielmehr Stellung beziehen und hilfesuchende Kinder wirklich unterstützen.

Abschließend stellt sich die Frage, welche Konsequenzen aus dieser Kritik gezogen werden können.

Es erscheint uns notwendig, Präventionsarbeit in erster Linie bei den Erwachsenen anzusetzen, vor allem bei Eltern und allen Berufsgruppen, die mit Kindern zu tun haben. Denn Kinder orientieren sich vor allen an dem, was sie in ihren Beziehungen zu Bezugspersonen im Alltag erleben und nicht an dem, was ihnen von fremden Trainerinnen in einmaligen workshops mitgeteilt wird.

Inhaltlich sollten in der Präventionsarbeit mindestens die folgenden fünf Bereiche thematisiert werden:

1. Prävention bedeutet umfassende Informationsarbeit

(z.B. Sexueller Mißbrauch geschieht meistens im sozialen Nahraum des Kindes; hohes Risiko für Kinder im Vor- und Grundschulalter; Verbindungen mit körperlicher und seelischer Mißhandlung und Vernachlässigung).

2. Die Präventionsarbeit muß verbunden sein mit der Thematisierung von Sexualität

Dabei erscheinen folgende Aspekte und Botschaften besonders wichtig:

Fakten und Gefühle sollten nicht getrennt werden. Sexualität kann positiv, negativ oder ambivalent erlebt werden, abhängig von der Lebenssituation und -geschichte, den Umständen und der Beziehung. Sexualität hat viele "Gesichter" (z.B. Autoerotik, Hetero-, Homosexualität). Sie ist beeinflußt vom Geschlechterverhältnis.

Sie sollte, besonders in der Diskussion um sexuellen Mißbrauch, weder verherrlicht noch abgewertet werden.

Lust und Sexualität sind wichtig für einen positiven Lebensentwurf betroffener und nicht betroffener Kinder und Erwachsener.

3. Die eigenen Gefühle und die der anderen wahrzunehmen, auszudrücken und wertzuschätzen und die damit verbundenen Konflikte sind in mehrfacher Hinsicht Bestandteil von Präventionsarbeit

Einfühlung (Empathie) ist eine der Fähigkeiten, die eine Person davon abhalten, andere (sexuell) zu mißbrauchen. Darüberhinaus ist die Einfühlung eine notwendige Voraussetzung für effektive, individuelle Hilfe. Die Gefühle der helfenden Personen sind das wichtigste Handwerkszeug in der Intervention. Sie geben Hinweise auf die Situation der KlientInnen (Gegenübertragung).

Die Auseinandersetzung mit den eigenen Gefühlen ist wichtig für die von sexuellem Mißbrauch, Mißhandlung, Vernachlässigung oder emotionalem Mißbrauch Betroffenen, weil ihre Erfahrungen mit der Umdeutung und dem Verbot von Gefühlen durch die mißbrauchende Person verbunden sind.

4. Die eigenen Grenzen und die der anderen wahrzunehmen, bzw. zu setzen, zu schützen, zu respektieren und evtl. zu erweitern sowie die damit notwendig verbundenen Konflikte, sind zentrale Themen der Präventionsarbeit

Für Erwachsene bedeutet dies beispielsweise eine Reflexion darüber, wieviel Gehorsam sie von Kindern, von Mädchen und Jungen, erwarten, wieviel Autonomie sie ihnen zugestehen und wie sie mit ihrer Macht und ihrer Ohnmacht gegenüber Kindern umgehen. Auch hier eröffnet sich ein breites Feld von Konflikten.

In der Fortbildungsarbeit mit Menschen aus sozialen Berufen sollte in diesem Zusammenhang zum Beispiel thematisiert werden, daß Teamarbeit und der Aufbau eines Netzwerks notwendig sind, um sexuell mißbrauchten Kindern und ihren Bezugspersonen (und auch den mißbrauchenden Personen) effektiv helfen zu können. EinzelkämpferInnen, die sich selbst überfordern, die ihre eigenen Grenzen nicht ernst nehmen und die Potentiale von anderen HelferInnen nicht nutzen, verhindern umfassende Hilfestellungen und sind ein schlechtes Vorbild für betroffene und nicht betroffene Kinder. Selbsterfahrung und Supervision sind in dieser manchmal sehr belastenden Arbeit eine wichtige Unterstützung.

5. Die Themen Helfen und Hilfe holen sind verbunden mit der Diskussion folgender Aspekte:

Für sexuell mißbrauchte Kinder ist es schwierig, sich Hilfe zu holen. Die mißbrauchende Person belegt sie mit einem Geheimhaltungsgebot, häufig verbunden mit Drohungen. Darüberhinaus haben die Kinder oft schlechte Erfahrungen gemacht, wenn sie jemanden wegen der Übergriffe um Hilfe gebeten haben. Neben den Kindern sind auch die anderen Beteiligten (mißbrauchende Person, Bezugspersonen) in der Regel unfreiwillige Klienten. Sie erwarten nichts Gutes von der angebotenen "Hilfe". Für HelferInnen ist das immer wieder frustrierend und erfordert eine Auseinandersetzung mit ihrer Helferrolle. Sich zur Hilfeleistung zu entschließen, ist manchmal sehr schwierig, beispielsweise wenn ich einen Kollegen oder eine Kollegin in Verdacht habe, im Zusammenhang mit der Arbeit ein Kind zu mißbrauchen (Ähnlich: die Situation von Müttern, die ihren Partner in Verdacht haben, das gemeinsame Kind zu mißbrauchen).

An diesem heiklen Punkt werden die Konflikte und Probleme deutlich, die mit Nein-Sagen und mutigen Stellungnahmen verbunden sind. Aus dieser Perspektive betrachtet, läßt sich vielleicht eher ermessen, was man von einem Kind verlangt, wenn man es dazu auffordert, dem Mißbraucher ein "Nein" entgegen zu setzen oder wenn man es auffordert, sich für ein anderes Kind und gegen einen vertrauten Erwachsenen einzusetzen.

Mit diesen fünf Bereichen sollten sich Erwachsene auseinandersetzen und zwar immer wieder von neuem und ganz konkret auf die eigene Person bezogen. Wenn sie dies tun, werden sich gleichzeitig ihr Selbstverständnis, ihre Haltung Kindern gegenüber, ihre Erziehungspraktiken und -inhalte und die Spiele und Materialien, die sie Kindern anbieten, verändern. Auf diese Weise geschieht Prävention von sexuellem Mißbrauch im alltäglichen Umgang mit Kindern. Zusätzlich gibt es schon eine ganze Reihe von Hilfsmitteln, die dabei nützlich sein können.

Präventionsarbeit findet statt, wenn sich Erwachsene damit auseinandersetzen, daß eine Erziehung zum Gehorsam, zur Anpassung an patriarchalische Geschlechterrollen, zur Unterdrückung von Sexualität und zur Geringschätzung von Gefühlen der Nährboden für sexuellen Mißbrauch sind, wenn sie sich mit ihrer Sexualität, ihrem Mann- oder Frausein, ihrer Macht, ihrer Ohnmacht und vor allem mit ihrer Verantwortung konfrontieren.

Diskussion

Frage/Anmerkung

Sie haben vorhin die Vernetzung angesprochen. Wo ist das überhaupt machbar? Ich bin Grundschullehrerin und kenne aus der Praxis kein Beispiel.

Gaenslen-Jordan

In Hamburg haben wir beispielsweise gute Erfahrungen mit interdisziplinären stadtteilbezogenen Fachtagungen zum Thema sexueller Mißbrauch gemacht, aus denen heraus häufig Arbeitskreise entstehen. Dabei wird versucht, Leute aus möglichst allen Arbeitsbereichen eines Stadtteils anzusprechen, z.B. Schule, Kindergarten, soziale Dienste und Erziehungsberatungsstellen. Bei solchen Arbeitstreffen können Vorurteile über andere Berufsgruppen und Einrichtungen abgebaut und persönliche Kontakte geknüpft werden. Dies erleichtert die Kooperation in der konkreten Arbeit für ein betroffenes Kind ganz erheblich.

Im Zusammenhang mit dem Stichwort Vernetzung möchte ich noch einmal auf die Gegenübertragung bzw. die Stellvertreterproblematik zu sprechen kommen, die ich beim Thema Ambivalenz schon erwähnt habe.

Alle HelferInnen, die mit ein und demselben Fall beschäftigt sind, identifizieren sich selbst und ihre KollegInnen mit verschiedenen Beteiligten des Falls. Die Konflikte zwischen dem Kind und seinen Bezugspersonen wiederholen sich in verdeckter Form zwischen den Profis und auch zwischen den Institutionen, in denen sie arbeiten. Diese Stellvertreterkonflikte sind kräftezehrend und entmutigend, solange sie nicht wenigstens teilweise als Widerspiegelung der Opfer-, Täter- und Familiendynamik anerkannt werden und KollegInnen gemeinsam Gegenentwürfe entwickeln. Gleichzeitig ist aber genau diese Identifikation der einzige Weg, Zugang zu den Beteiligten zu bekommen, ihre Handlungen und Reaktionen besser nachvollziehen und angemessen darauf zu reagieren. Vernetzung wird um vieles einfacher, wenn KollegInnen bereit sind, ihre Zusammenarbeit auch im Licht der Stellvertreterproblematik zu sehen.

Frage/Anmerkung

Ist sexueller Mißbrauch die schlimmste Form des Mißbrauchs, die einem Kind passieren kann?

Gaenslen-Jordan

Diese Frage kann ich nicht generell beantworten. Sexueller Mißbrauch von Kindern ist ein Oberbegriff für Erfahrungen, die sehr unterschiedlich aussehen und erlebt werden. Die Auswirkungen, die eine solche Erfahrung für das Kind hat, hängen vor allem davon ab, welche Beziehung es zur mißbrauchenden Person hat, welche Beziehungserfahrungen es vor dem Mißbrauch und nach seinem Bekanntwerden gemacht hat und welchen sexuellen Handlungen es wie oft und unter welchen Umständen (z.B. Drohungen) ausgesetzt war.

Es war wichtig, daß der sexuelle Mißbrauch in den letzten Jahren so in den Vordergrund gerückt wurde, weil er so lange zugedeckt wurde. Jetzt ist es notwendig, wieder deutlicher zu machen, daß es auch viele Kinder gibt, die mißhandelt, seelisch mißbraucht und vernachlässigt werden und auf andere Weise Grausamkeiten erleben. Wahrscheinlich erleiden die meisten betroffenen Kinder mehrere Formen der Mißhandlung und des Mißbrauchs gleichzeitig.

Frage/Anmerkung

Ich stimme an vielen Punkten mit der von Ihnen geäußerten Kritik am CAP-Programm überein. Widersprechen möchte ich Ihnen in der Bewertung der Selbstverteidigung. Sie hat nicht nur die Funktion, Mädchen und Jungen aufzufordern, sich körperlich gegen den Mißbraucher zu wehren. Selbstverteidigung kann dem Kind auch helfen, ein anderes Körperkonzept zu entwickeln. Mißbraucher suchen sich häufig "schwache" Kinder aus. Die Selbstverteidigung hat auch deshalb präventiven Charakter, weil sie das starke und selbstbewußte Auftreten von Kindern fördert. Das ist der eine Punkt, den ich ansprechen möchte. Meine zweite Anmerkung bezieht sich auf die geschlechtsspezifische Präventionsarbeit. Stärke entwickeln, Gefühle zulassen und zeigen, das hat ja eine ganz unterschiedliche Bedeutung für Mädchen und Jungen. Können Sie dazu noch etwas sagen?

Gaenslen-Jordan

Ja, Sie haben recht, die geschlechtsspezifischen Unterschiede durchziehen die ganze Arbeit sowohl mit Kindern als auch mit Erwachsenen. Dazu gäbe es sehr viel zu sagen. Zu den spezifischen Belangen von Jungen fallen mir zwei gute Beiträge von Männern ein. Zum einen der Vortrag von Uwe Sielert, den er 1989 im Rahmen der ersten Ringvorlesung dieser Veranstaltungsreihe hielt. Zum anderen das Buch "Kleine Helden in Not" von Dieter Schnack und Rainer Neutzling.

Frage/Anmerkung

Wir waren ursprünglich froh, überhaupt Material zu dem Themenkomplex "sexueller Mißbrauch" zu haben, damit wir mit unserer Arbeit beginnen konnten.

Gaenslen-Jordan

Ich will die Materialien, die ich hier kritisiert habe, nicht völlig verwerfen, aber ich glaube, sie müssen unbedingt ergänzt werden. Es geht mir darum, die Stärken <u>und</u> die Ängste der Kinder (und der Erwachsenen) zu thematisieren. Ich halte es für gefährlich, nur eine dieser beiden Seiten anzusprechen. Für den Bereich der Ängste, Schwächen und Niederlagen, die Kinder erleben, gibt es bisher nur wenig Arbeitsmaterialien.

Frage/Anmerkung

Ich halte es für nicht sinnvoll und für falsch, beim sexuellen Mißbrauch nach Art und Grad der Empfindung bzw. des schädigenden Einflusses zu differenzieren.

Gaenslen-Jordan

Es stimmt einfach nicht, daß alle Opfer dasselbe erleben. Wer das behauptet, hört der einzelnen Person nicht wirklich zu.

Frage/Anmerkung

Sie haben darauf hingewiesen, daß die Sexualität sehr bedeutsam ist. Es ist ein unwahrscheinliches Manko, daß in Lehrerfortbildungen und in der Lehrerausbildung keine Sprache für Sexualität vermittelt wird. Wie will ich mit Kindern über sexuellen Mißbrauch und Sexualität sprechen, wenn ich keine Begriffe oder keine Worte habe?

Gaenslen-Jordan

Ich stimme Ihnen zu. Mir fällt dazu ein Aufsatz von LERNER (1980) ein, in dem sie darauf hinweist, daß den Kindern zwar gesagt wird, daß Mädchen und Frauen eine Scheide haben, daß aber die sichtbare Vulva mit Klitoris und Schamlippen meistens nicht benannt wird. Es ist also nicht nur eine Frage der fehlenden Sprache, sondern oft auch des fehlenden Bewußtseins (oder des fehlenden Mutes).

Frage/Anmerkung

Ich finde es aus der Praxis heraus gut, Bücher wie "Kein Küßchen auf Kommando" zu haben. Dies verstehe ich auch immer nur als einen Baustein der Präventionsarbeit.

Gaenslen-Jordan

Als Bausteine können sie hilfreich sein, aber ich befürchte, daß sie in der Regel isoliert eingesetzt werden. Ich glaube, es spricht nichts dagegen, ein Buch zu diesem Thema zu machen, in dem auch hilflose und ängstliche Kinder zu sehen sind.

Frage/Anmerkung

Prävention muß natürlich differenziert werden, je nach dem, wie alt ein Kind ist und welchen Entwicklungsstand es hat. Präventionsarbeit mit behinderten Kindern muß natürlich anders aussehen als mit nicht behinderten oder älteren Kindern. Es ist ferner wichtig, die momentane Situation des Kindes zu berücksichtigen, wenn man z.B. über Gefühle redet.

Literatur

ANDERSON, C.: A history of the touch continuum. In: NELSON, M./CLARK, K, (Ed.): The educators guide to preventing child sexual abuse. Network Publ., Santa Cruz, CA, 1986.

COOPER, S./LUTTER, Y./PHELPS, C.: Strategies for free children - a leader´s guide to child assault prevention. Columbus, Ohio, 1983.

FEY, E.: Möglichkeiten und Grenzen von Prävention - Bedeutung und Hintergründe von sexuellem Mißbrauch. In: BÜSCHER, U/GEGENFURTNER, M./KEUKENS, W./HEID, H. (Hrsg.): Sexueller Mißbrauch von Kindern und Jugendlichen. Beiträge zu Ursachen und Prävention: 43-70. Westarp, Essen, 1991.

FINKELHOR, D.: Prevention: A review of programs and research. In: FINKELHOR, D. (Ed.): A sourcebook on child sexual abuse. Sage, Bev. Hills, 1986.

LERNER, H.: Elterliche Fehlbenennung der weiblichen Genitalien als Faktor bei der Erzeugung von 'Penisneid' und Lernhemmungen. Psyche 12: 1092-1104, 1980.

MEBES, M./SANDROCK, L.: Kein Küßchen auf Kommando. Donna Vita, Berlin, 1988.

MITZLAFF, E.: Prävention: Gespräche mit Eltern. Pro Familia Magazin 2: 3-4, 1989.

MILLER-PERRIN, C./CLARK, K.: The child sexual abuse prevention movement: A critical analysis of primary and secondary approaches. Clinical Psychology Review 8: 313-329, 1988.

NELSON, M./CLARK, K.: The educator´s guide to preventing child sexual abuse. Network Publ., Santa Cruz, CA, 1986.

OTSCHERET, E.: Ambivalenz - Geschichte und Interpretation der menschlichen Zwiespältigkeit. Asanger, Heidelberg, 1988.

PRO FAMILIA, Darmstadt (Hrsg.): Mein Körper gehört mir. Pro Familia Vertriebsgesellschaft, Gutleutstr. 139, 6000 Frankfurt/M., 1989.

RUST, G.: Ambivalenz der Betroffenen. Unveröff. Arbeitspapier, Hamburg, 1990.

SALLER, H.: Prävention von sexueller Ausbeutung von Kindern - Möglichkeiten und Grenzen. Vortrag auf der Tagung "Sexueller Mißbrauch von Kindern", Kinderschutzzentrum Kiel, 1989.

SCHNACK, D./NEUTZLING, R.: Kleine Helden in Not. Rowohlt Reinbek, 1990.

SIELERT U.: "...und daß Jungen nicht zu Tätern werden" Zur Notwendigkeit reflektierter (antisextischer) Jungenarbeit. In: BÜSCHER, U/GEGENFURTNER, M./KEUKENS, W./HEID, H. (Hrsg.): Sexueller Mißbrauch von Kindern und Jugendlichen. Beiträge zu Ursachen und Prävention: 95-112. Westarp Essen, 1991.

THARINGER, D. et al.: Prevention of child sexual abuse: An analysis of issues, educational programs and research findings. School Psychology Review 17: 614-634, 1988.

WACHTER, O.: Heimlich ist mir unheimlich. Donna Vita, Berlin, 1991.

WEHNERT, N.: Der Umgang mit dem Thema innerfamiliärer sexueller Mißbrauch von Kindern in der Schule - Ergebnisse einer Befragung von Lehrereinnen und Lehrern. Dipl. Arbeit, Fachbereich Psychologie, Univ. Hamburg, 1990.

WEHNERT-FRANKE, N./RICHTER-APPELT, H./GAENSLEN-JORDAN, C.: Wie präventiv sind Präventionsprogramme zum sexuellen Mißbrauch von Kindern? Zeitschrift für Sexualforschung 5: 41-55, 1992.

Ursula Enders

Täter auf der Opfersuche

Wissen ist Macht - realistisches Wissen über TäterInnen erweitert die Handlungsspielräume in der parteilichen Arbeit für Opfer sexueller Gewalt. Die Erfahrungen der letzten Jahre haben gezeigt, daß ein "rein" parteilicher Standpunkt im Sinne einer ausschließlichen Konzentration auf die Opfer oftmals zu einer blinden Parteilichkeit verleitet: Eine übermäßige Identifikation mit dem Opfer führt leicht zu einer Dämonisierung der TäterInnen und schränkt Handlungsspielräume ein, denn sehen (professionelle) Kontaktpersonen von Mädchen und Jungen die TäterInnen allzu sehr "mit den Augen" der Opfer, so übernehmen sie leicht deren Gefühle der Ohn-Macht und Angst - und werden hilflos; die notwendige Distanz geht verloren, die eigene Kompetenz wird geschwächt.

1. Der Realität ins Auge sehen

Opfer sexueller Gewalt nehmen aufgrund ihrer geschulten Empfindsamkeit für atmosphärische Spannungen die eingeschränkte Handlungsfähigkeit distanzlosen HelferInnen sehr genau wahr. Aus gesundem Selbstschutz vertrauen sie diesen oftmals nur einen Bruchteil ihrer Gewalterfahrungen an, denn kein Mädchen und kein Junge möchte ausgeliefert sein - auch nicht der Unberechenbarkeit distanzloser und deshalb überforderter HelferInnen.

Eine unreflektierte Nähe zum Opfer bewahrt BeraterInnen davor, das wirkliche Ausmaß der Gewalt betrachten zu müssen, denn durch eine übermäßige Identifizierung mit dem betroffenen Kind werden auch professionelle HelferInnen in dessen ambivalente Gefühle gegenüber dem Täter verwickelt und übernehmen leicht die dem Opfer vom Aggressor eingeimpfte Argumentation: "Der hat es doch gar nicht so gemeint ... Der war ja auch ganz nett ...". Sicherlich ist ein solches Verhalten menschlich nur allzu verständlich: Wer möchte schon wirklich wahrhaben, mit welcher Systematik und Skrupellosigkeit MißbraucherInnen sich ihre Opfer auswählen und gefügig machen! Das paßt nicht zum gängigen Weltbild. Die Angst vor der Auseinandersetzung mit der TäterInnenproblematik kann auch andere Gründe haben, sie kann z.B. Ausdruck einer (unbewußten) Betroffenheit sein: Als Opfer oder Aggressor. Es schmerzt verständlicherweise weniger, von TäterInnen Abstand zu halten, als sich die eigenen Ohnmachtserlebnisse erneut zu vergegenwärtigen; es ist bequemer, sich von MißbraucherInnen zu distanzieren und z.B. die Wiedereinführung der Todesstrafe zu fordern, als sich selbstkritisch mit eigenen Gewaltanteilen zu beschäftigen. Auch ist in einigen Fällen die strikte Ablehnung einer Fachdiskussion über TäterInnen ideologisch begründet. Eine solche Verweigerung ist sicherlich für betroffene Frauen und Männer in bestimmten Phasen der Bewältigung ihrer Gewalterfahrungen sinnvoll und das einzig Richtige, doch disqualifiziert sie BeraterInnen für die Begleitung kindlicher Opfer, denn viele jugendliche Mädchen und Jungen können erst dann ihre Identifizierung mit dem Aggressor überwinden und sich von ihm/ihr distanzieren, wenn zuvor ihre Bindung an den Täter/die Täterin akzeptiert wurde und sie z.B. - falls sie es wirklich wollen - diesen/diese sehen dürfen - natürlich nur in Begleitung einer Schutzperson. Genauso wenig wie ein vom Gericht gegen den Willen des Kindes zwangsweise verordneter Kontakt zum Täter/zur Täterin (Freiheitsberaubung!!) dem Interesse des Opfers entspricht, tut dies ein ideologisch verbrämtes generelles Kontaktverbot. Dies läßt vielmehr Mädchen und Jungen in einer schwierigen Phase der Bewältigung allein: bei der TäterInnenkonfrontation. Fast alle Opfer suchen aufgrund ihrer ambivalenten Gefühle zum Aggressor zu diesem Kontakt - zur Not auch heimlich. Erst wenn betroffene Mädchen und Jungen spüren, daß BeraterInnen auch ihre positiven Empfindungen dem Täter/der Täterin gegenüber akzeptieren und bereit sind, sie bei Gesprächen zu begleiten, finden die Opfer in ihrem Gegenüber den notwendigen Halt und Schutz, um Schritt für Schritt den eigenen Schmerz wirklich zuzulassen und der Realität ins Auge zu sehen.

Im Gespräch mit dem Täter/der Täterin ist allerdings Vorsicht geboten! Zu leicht laufen BeraterInnen Gefahr, ihrem eigenen Größenwahn zu verfallen: Sie lassen sich von MißbraucherInnen einwickeln und glauben, beiden - Opfer und TäterIn - gleichzeitig beraten und helfen zu können. Damit geben sie die Parteilichkeit für das Opfer auf. Meist wird ein solcher Verrat am Kind mit einer naiven oder dogmatischen Interpretation familienorientierter Therapiekonzepte begründet, die "plötzlich" alle als Opfer beschreibt und der Dynamik von wirklichem Opfer und tatsächlichem Täter in keiner Weise gerecht wird. Auch wenn die Tragik in der individuellen Lebensgeschichte eines jeden Aggressors nicht zu leugnen ist, darf die Grausamkeit und die Gefährlichkeit von TäterInnen nicht verharmlost werden. Es ist kaum vorstellbar, mit welcher Naivität selbst viele exponierte TherapeutInnen über Tätertherapie sprechen und sich über ihre vermeintlichen Therapieerfolge zu profilieren versuchen. Schmeichelt es doch dem eigenen Narzismus ungemein, sich als "guten Menschen" zu sehen, der "arme Schlucker von dem Übel befreit" - sie aber vor allem aus einem entläßt: aus der wirklichen Verantwortung für ihre Taten. Die Eitelkeit läßt TherapeutInnen in eine klassische TäterInnenfalle tappen: in die Verleugnungsdynamik. Anstatt mit Mißbrauchern zunächst systematisch das Ausmaß und die Zielgerichtetheit ihres Vergehens zu reflektieren und aufzulisten, tendieren die meisten "ExpertInnen" dazu, die Gewalttaten nur allzu schnell als Reaktion auf eine schwierige Kindheit oder als Überreaktion auf berufliche Anspannungen und Konflikte im Privatbereich zu bewerten. Damit bestätigen sie die Verleugnungsstrategie der TäterInnen, die in gleicher Weise die eigenen Verbrechen erklären - sprich: Ent-Schuld-(ig)en - und die Schuld den Umständen oder Dritten zuschieben (z.B. ihrer "gefühlskalten" Mutter oder Frau) (vgl. BANGE 1993, WYRE/ SWIFT 1991).

Doch auch von einem "Bekenntnis" eines Täters/einer Täterin sollte mann/ frau sich nicht blenden lassen, denn sie können geständig sein und sich dennoch unschuldig fühlen (vgl. GODENZI 1989). Der englische Tätertherapeut Ray Wyre stellt deshalb erst dann die Frage nach dem "Warum" - nach der individuellen Leidensgeschichte eines Täters -, wenn dieser von sich aus die Verleugnung aufgibt und wirklich die Verantwortung für seine Verbrechen übernimmt. Wyre nennt die Voraussetzung für die Begleitung eines Täters bei der Aufarbeitung seiner Verletzungen: Der Mißbraucher muß von sich aus eigenständige Angaben über seine Taten und Opfer machen. Der Experte berichtet ferner, daß ihm in seiner langjährigen Arbeit mit Tätern bisher noch kein einziger begegnet sei, der "nur" die Taten begangen/Opfer mißbraucht habe, für die er rechtlich belangt worden sei bzw. die von Dritten aufgedeckt wurden.

Wyres Erfahrungen entsprechen denen von Bullens, der zu der Einschätzung kommt, daß sich mit der von vielen "Täter - Therapeuten" praktizierten Verharmlosung der Gewalt die Chancen von Mißbrauchern auf Heilung reduzieren, denn der Ausstieg aus der Täterschaft fängt damit an, daß TäterInnen lernen, die Verantwortung zu übernehmen (vgl. BULLENS 1990).

An der skizzierten "professionellen" Verschleierung der Grausamkeiten sexueller GewalttäterInnen beteiligen sich VertreterInnen der unterschiedlichsten therapeutischen Schulen: Von Familientherapeuten bis hin zu "fraubewußten" BeraterInnen. In Beratungsstellen besteht z.B. oftmals ein blinder Fleck gegenüber der Tatsache, daß in Selbsthilfegruppen möglicherweise auch Frauen mitarbeiten, die nicht nur Opfer sexueller Gewalt waren, sondern die eigenen Verletzungen auch an Schwächeren ausagier(t)en.

2. Frauen als Täterinnen

Sexuelle Gewalt durch Frauen - ein Thema, dessen Aufarbeitung an den vermeintlichen Grundlagen des Patriarchats rüttelt, hinterfragt es doch die Gültigkeit eines vereinfachten "Täter-Opfer-Schemas", das stets von männlicher Macht gegenüber weiblicher Ohn-Macht ausgeht. Und so sind es vor allem Männer, die sich den mutigen Frauen entgegenstellen, die diese Problematik benennen. Mit "Macht" versuchen die Vertreter des herrschenden Geschlechts am Bild der sanftmütigen, alles gewährenden Mutter und Frau festzuhalten, denn diese kann ihnen nicht bedrohlich werden. Die eigenen kleinen Geschlechtsgenossen als mögliche Opfer sexueller Gewalt von Frauen wahrzunehmen - das paßt nicht ins Selbstbild vom starken Mann. So fällt es Politikern dann auch leichter, ein Almosen für Mädchenberatung zu gewähren, als durch die Finanzierung parteilicher Beratungsstellen für Jungen deren Opferstatus - sprich: Hilflosigkeit - zu dokumentieren. Sicherlich - für Mädchenarbeit gibt es auch nur Pfennigbeträge, doch ermöglicht diese "milde Gabe" ein Festhalten am Bild vom weiblichen Opfer und männlichen Retter; auf diese Art und Weise kann **mann** sich von eigenen Täteranteilen und vor allem von eigenen Ohn-Machtserfahrungen distan-zieren.

Doch die Fakten sprechen für sich. Sexuelle Gewalt von Frauen an Mädchen und Jungen kann nicht mehr wegdiskutiert werden. In dieser schwierigen Diskussion springen der "Spiegel" und andere Massenmedien den Männern "hilfreich" zur Seite und kreieren den Mythos der heterosexuell unbefriedigten Frau, die ihren Triebstau an kleinen Jungen abreagiert. Vergessen scheint, daß in den letzten Jahren die vergleichbare These vom sexuell unbefriedigten Manne, der sich von pubertierenden Mädchen reizen läßt, als unhaltbar entlarvt wurde! Nicht nur, daß eine solche Mythenbildung gesellschaftliche Gewaltstrukturen als Bedingungsfaktoren für sexuelle Gewalt ausblendet, sie tabuisiert zudem weiterhin die Auseinandersetzung mit der Problematik der sexuellen Gewalt von Frauen an Mädchen. Doch auch Frauen- und Mädchenräume sind nicht frei von sexueller Gewalt, denn "es gibt keine unberührten weiblichen Inseln, auf denen frau der Auseinandersetzung mit ihrem gesellschaftlichen Status als Sexualobjekt entfliehen kann. Als Teil einer patriarchalisch strukturierten Gesellschaft greifen auch Mädchen und Frauen immer wieder auf männliche Strategien zurück, um eigene Interessen zu vertreten" (SCHAFFRIN 1993). IRMGARD SCHAFFRIN erkennt in sexueller Gewalt von Frauen in Unterscheidung zur männlichen Gewalt weniger ein Unterwerfungs- als vielmehr ein Bestrafungsritual. Ihre These bietet damit auch einen Erklärungsansatz für den gar nicht so seltenen sexuellen Mißbrauch von Frauen an Mädchen: Aufgrund ihrer geschlechtsspezifischen Sozialisation entwickeln Frauen verstärkt autoaggressive Verhaltensweisen, d.h. sie bestrafen oftmals eher sich selbst und ihre Geschlechtsgenossinnen, als ihre Wut konstruktiv in der Auseinandersetzung gegen männliche Machtstrukturen einzusetzen.

Bisher gibt es so gut wie keine deutschsprachige Forschung zum Problembereich "Frauen als Täterinnen". Auch die Erfahrungen in der Praxis sind noch relativ begrenzt. Dementsprechend werden die folgenden Ausführungen über Täter-Strategien sich vornehmlich auf männliche Täter beziehen. Ohne Gewalt von Frauen leugnen zu wollen, wird die Entscheidung für die weitere Verwendung der männlichen Sprachform zudem der Tatsache gerecht, daß bei aller Offenheit für die Problematik dennoch nicht sexuelle Gewalt durch Frauen mit der sexuellen Gewalt durch Männer gleichgesetzt werden darf: Nach wie vor wird sexuelle Gewalt fast immer von Männern verübt.

3. Der neue Mythos: Die Täter sind immer die Väter

Nachdem die Frauenbewegung zu Recht den alten Mythos vom schwarzen Mann auf dem Spielplatz als Unsinn entlarvte, entstand ein neuer Mythos: "Die Täter sind immer die Väter". Sicherlich, die Familie ist einer der Haupttatorte, doch erstens finden etwa zwei Drittel aller Mißbrauchsdelikte im außerfamilialen Umfeld statt (Schule, Bekanntenkreis, Krankenhaus, Jugendgruppe, Nachbarschaft ...) und zweitens liegt der relativ hohe Anteil der Stiefväter unter den Tätern in der Tatsache begründet, daß einige Täter sich systematisch alleinerziehende Mütter als Partnerin suchen - der Kinder "wegen". Im eigentlichen Sinne handelt es sich bei diesen Fällen nicht um innerfamilialen Mißbrauch, denn die Täter haben ihre Tat schon lange (bevor sie Mutter und Kind kennenlernten) geplant. Kathleen C. Faller, die mehr als 150 Fälle untersuchte, berichtet: In über der Hälfte der Fälle, in denen Stiefväter oder Lebensgefährten der Mütter die Täter waren, begann der sexuelle Mißbrauch kurz nach dem sich die Beziehung zur Mutter stabilisiert hatte (FALLER 1984 zitiert nach BANGE 1993).

Auch "innerfamilialer" Mißbrauch durch leibliche Väter kann nicht mehr als Ausdruck einer Familiendysfunktion interpretiert werden, denn nicht nur die Erfahrungen in der Praxis, sondern auch Forschungsergebnisse belegen inzwischen, daß die meisten Väter, die ihre eigenen Töchter und Söhne mißbrauchen, noch weitere Opfer außerhalb der Familie haben. Abel und Rouleau kommen auf der Basis einer Täterbefragung zu dem Ergebnis, daß dies in zwei Drittel aller Fälle so ist (ABEL/ ROULEAU 1990).

Viele Täter beginnen mit ihrer "Karriere" als jugendliche Straftäter. Im Rahmen ihrer Studie befragten Abel und Rouleau über 500 männliche Sexualstraftäter. 50 Prozent der Männer, die außerhalb der Familie Jungen mißbraucht hatten, begingen ihr erstes Delikt vor dem 16. Lebensjahr. 40 Prozent der Männer, die außerhalb der Familie Mädchen mißbraucht hatten und 40 Prozent der Täter, die innerfamilial Jungen sexuell ausgebeutet hatten, traten nach eigenen Angaben erstmals vor dem 18. Lebensjahr als Täter in Erscheinung. Bei den Männern, die innerfamilial Mädchen mißbrauchten, gaben dies 25 Prozent an (ABEL/ ROULEAU 1990).

Diese Ergebnisse bestätigen die von Bange durchgeführten StudentInnenbefragungen, die ebenso deutlich machen, daß ein nicht geringer Teil der Opfer als Jugendliche von Gleichaltrigen (1 - 4 Jahre älter) gegen ihren Willen und mit körperlicher Gewalt zu sexuellen Handlungen gezwungen wurden (BANGE 1992).

Die Erfahrungen von ZARTBITTER, Köln decken sich mit den zitierten Forschungsergebnissen: Die meisten Täter beginnen ihre "Täterkarriere" in jungen Jahren und haben im Laufe der Zeit viele Opfer. Ähnlich wie bei Drogenkarrieren ist eine Suchtstruktur zu erkennen. Häufig beginnen Täter z.B. mit von der Allgemeinheit fälschlich als "harmlos" eingestuften exhibitionistischen Handlungen, die durchaus traumatisierende Wirkung auf das Opfer haben können. Im Laufe der Zeit verschärfen viele Täter die Formen der Gewaltanwendung bis hin zu extrem sadistischen Taten. Ebenso wie auf dem Drogenmarkt gibt es neben einer gezielten Beschaffungskriminalität auch das organisierte Verbrechen - von Kinderpornographie über Kinderstrich bis hin zu satanischen Ritualen. Vielfach wehren sich für Kinder parteiliche BeraterInnen gegen die Festschreibung des Suchtcharakters der sexuellen Gewalt gegen Mädchen und Jungen. Ein solches "Krankheitsbild" würde Täter erneut aus der Verantwortung entlassen. Dem ist nicht so! Genauso wenig wie ein Drogenabhängiger von unserer Gesellschaft aus der Verantwortung für seine Beschaffungskriminalität entlassen wird (wenn er z.B. eine alte Dame überfällt und sie beraubt), ist die Beschaffungskriminalität von Mißbrauchern zu entschuldigen. Suchtcharakter hin, Suchtcharakter her: Mißbrauch ist Seelenmord, ein Mordanschlag auf die Seele eines Kindes!

4. Strategien der Beschaffungskriminalität

Täter haben in der Regel im Laufe ihres Lebens viele Opfer: 10, 20, 40, 100, 300 und mehr. Mögen diese Zahlen im ersten Augenblick noch so unglaublich klingen, so werden sie nachvollziehbarer, wenn man sich vor Augen führt, daß manche Täter sich gezielt für pädagogische oder therapeutische Berufe entscheiden, um so leichter an die "Ware Kind" zu kommen. Wyre berichtet von einem Täter, der über 1000 Opfer hatte. (WYRE/SWIFT 1991)

Auch aus der Bundesrepublik sind vergleichbare Fälle aus entsprechenden Berufsfeldern (Schule, Jugendarbeit, Heim, Kindergarten ...) bekannt. Es kommt häufig vor, daß Pädophile auch in späteren Jahren nochmals das Tätigkeitsfeld wechseln und z.B. als Hausmeister in einer Grundschule oder als Reitlehrer arbeiten. Andere engagieren sich ehrenamtlich in Sportvereinen. Auch ist die "Verseuchung" vieler Gruppierungen der Bündischen Jugend (z.B. einzelner Ortsverbände der Pfadfinder) und kirchlicher Gruppen inzwischen eine allgemein bekannte Tatsache. Als geeignete Orte der Kontaktaufnahme "empfehlen" sich auch Schwimmbäder und Spielwarenabteilungen der Kaufhäuser.

Eine Regel unter Tätern lautet: "Lerne möglichst die Eltern der Kinder kennen und mache einen guten Eindruck!" Wer vermutet schon eine böse Absicht hinter der vermeintlichen Nachbarschaftshilfe als Babysitter!

Nach einer ersten Kontaktaufnahme muß ein Täter als nächsten Schritt die Wahrnehmung der Umwelt vernebeln - d.h. einen guten Eindruck machen, damit niemand ihm das Verbrechen zutraut - selbst wenn das Opfer Hinweise gäbe. In fast jedem sozialen Brennpunkt bietet es sich z.B. geradezu an, die Mütter "freundlicherweise" zum Aldi zu fahren. In gehobeneren Gesellschaftsschichten empfehlen sich Geschenke an die Eltern, oder die "Maske des Kinderschützers" ist ein nahezu perfekter Schutz. Auch Projekte gegen sexuelle Gewalt müssen die Möglichkeit im Auge behalten, daß sich Täter in diesen Arbeitsbereichen in besonderem Maße "engagieren".

4.1 Ein Täter bleibt niemals allein!

Nicht nur, daß Täter aufgrund ihres oftmals guten Images beim Aufkommen eines Verdachtes diesen im Keim ersticken können, sie finden in ihrem Bekannten- und Kollegenkreis oftmals auch noch zahlreiche "Schutzengel, die für sie die Hand ins Feuer legen". Wie groß die Lobby der selbsternannten "Kinderfreunde" ist, läßt sich an der Liste ihrer renommierten Fürsprecher ablesen. Man kann es kaum glauben: Da saß doch Herr Professor Dr. Walter Bärsch, Ehrenpräsident des Deutschen Kinderschutzbundes, im Kuratorium des AHS (Arbeitskreis Humane Sexualität), die in einer Vereinsschrift unter dem Stichwort "Kindersexualität und Emanzipation" sich für eine Sexualität zwischen Kindern und Erwachsenen stark machte. Ohne Herrn Professor Bärsch der Pädophilie bezichtigen zu wollen, stellt sich jedoch die Frage, ob die mißratene Anzeigen-Kampagne des Deutschen Kinderschutzbundes im Jahre 1991 nicht auch aus der (geistigen) Verbundenheit des Ehrenvorsitzenden mit den Pädophilen innerhalb der AHS resultieren kann. Zu Recht distanzierten sich weite Teile der Basis des Kinderschutzbundes und die

Arbeitsgemeinschaft der Kinderschutzzentren von der vom Bundesverband im Alleingang durchgeführten Kampagne. Doch nicht nur die "Experten" an der Spitze des Kinderschutzbundes vertraten einen pädophilenfreundlichen Gewaltbegriff (z.B. "Vati war ihr erster Mann"), auch innerhalb der AHS befand sich Prof. Bärsch in "bester Gesellschaft": Michael Baurmann, Experte des Bundeskriminalamtes, engagierte sich im Vorstand und im Kuratorium dieses Vereins. Erst als gegen ein Vorstandsmitglied der AHS wegen sexuellen Mißbrauchs ermittelt und Anzeige erstattet wurde, zog Herr Baurmann Konsequenzen und ließ seine Mitgliedschaft ruhen. Damit trat der ansonsten oftmals fachlich überzeugende Opferforscher des Bundeskriminalamtes noch im letzten Moment auf die Notbremse. Doch auch ohne ihn finden die Pädophilen noch genügend "wissenschaftlichen Beistand" in dessen Windschatten sie ihre Interessen vertreten können. Nach wie vor schwingt z.B. Professor Ernest Bornemann, Sexualpädagoge, das Zepter des Pädophilenpapstes. Unter dem Motto "Mißbrauch mit dem Mißbrauch" unterstellt er fälschlicherweise engagierten Frauen die Ausschlachtung einer Problematik zugunsten einer eigenen Arbeitsplatzbeschaffung und fordert das Recht von Kinder ab dem siebten Lebensjahr auf Geschlechtsverkehr mit Erwachsenen. Diese Erfahrungen sieht er als förderlich für die sexuelle Entwicklung. Kein Wunder, wenn insbesondere Täter unter Berufung auf Bornemann inzwischen von einer "Epedemie des Mißbrauchs mit dem Mißbrauch" sprechen! Ab dem siebten Lebensjahr scheint es ja seiner Meinung nach sexuelle Gewalt kaum noch zu geben: Bei derartigen Beziehungen soll aufgrund der größeren sexuellen Attraktivität die Macht in den Händen des Kindes liegen - so die Argumentation des "Sexualexperten", der von Tätern häufig zitiert wird und auf den sich inzwischen auch viele von Familienrichtern geschätzte Verbände berufen, die vorgeben, zum Wohle des Kindes für ein gemeinsames Sorgerecht im Scheidungsfalle einzutreten. "Fachdiskussionen" über die Thesen von Ernest Bornemann und anderer "Experten" (z.B. Helmut Kentler) bieten sich zudem für "professionelle Täter" an, um im Kollegenkreis ihresgleichen auszumachen und "Seilschaften" zu bilden. Insbesondere im Jugendhilfebereich sind Täter oftmals miteinander vernetzt, Opfer werden weitergereicht, gegen kritische KollegInnen wird gemeinsam intrigiert.

4.2 Sexuelle Gewalt im sozialen Nahbereich - Die Handlungen der Täter

Jedes Kind sehnt sich nach Zärtlichkeit und Zuwendung, doch kein Kind möchte sexuell mißbraucht werden. Kein Mädchen und kein Junge stimmt dem sexuellen Mißbrauch wissentlich zu. Sexuelle Ausbeutung ist daher immer ein Gewaltdelikt - der Täter nutzt ein Macht- und Abhängigkeitsverhältnis zur Befriedigung seiner eigenen Bedürfnisse aus. In der (Fach)-Öffentlichkeit wird diese Einschätzung häufig nicht geteilt: "Die Kleine wehrt sich doch noch nicht einmal und geht von sich aus immer zu diesem Mann. Dann kann es doch so schlimm nicht sein!" Eine solche Argumentation übersieht die Tatsache, daß der Mißbraucher sich mit List und Tücke in die Gefühle des Mädchens (Jungen) einschleicht, es in eine Komplizenschaft verwickelt und für die Opferrolle "dressiert". Auf den ersten Blick erscheint eine solche Formulierung sicherlich unsachlich und maßlos übertrieben, doch spätestens die Gespräche mit mehreren Opfern (eines Täters) lassen erkennen, wie zielgerichtet Mißbraucher die sexuelle Gewalt vorbereiten. Auch wenn in einzelnen Fällen der erste Übergriff eher "zufällig" und nicht geplant erscheinen mag, belegen zahlreiche Fallbeispiele, daß die Täter die Opfer immer wieder mit den gleichen Tricks auswählen, anschließend gefügig machen, um dann die Intensität der (sexuellen) Gewalt systematisch zu steigern.

Manchmal scheint es, als ob Täter untereinander ihre Tricks weitergeben, denn viele ihrer "Dressurakte" gleichen sich wie ein Ei dem anderen. Die Übereinstimmung in der Taktik verschiedener Täter ist nur damit zu erklären, daß der Alltag vieler Mädchen und Jungen durch gleiche und ähnliche Rituale und Kommunikationsstrukturen geprägt wird. In den meisten Familien ist es z.B. üblich, Oma und Opa zur Begrüßung ein Küßchen zu geben; geben Mädchen und Jungen ihren Eltern Widerworte, so erpressen diese oft den Gehorsam ihrer Kinder mit Drohungen - wie z.B. "Du bringst mich noch ins Grab!" oder "Wenn Du nicht artig bist, erzähl ich es ...!" Mißbraucher kennen fast immer den Alltag ihrer Opfer sehr genau. Sie passen ihre Vorgehensweise den Beziehungsmustern des Mädchens (Jungen) an, ritualisieren ihre Handlungen und verpacken die sexuelle Ausbeutung "kindgerecht". Besondere Beachtung genießen z.B. fast alle kleinen Mädchen und Jungen.

Mit viel Geschick wählen Täter zunächst "geeignete Opfer" aus: Kinder, die sie manipulieren können. Dies sind neben sehr freundlichen und offenen Mädchen und Jungen auch bedürftige und wehrlose Kinder (z.B. Wohlstandswaisen, vernachlässigte Kinder, Mädchen und Jungen aus zerrütteten Familienverhältnissen ... oder Opfer, die zuvor schon von anderen Tätern mißbraucht wurden, vgl. BUDIN/ JOHNSON 1989). Viele Täter "interessieren" sich auch für sehr junge Opfer, da sie davon ausgehen, daß diese nicht so schnell über die Gewalterlebnisse sprechen bzw. sie keine Anzeige erstatten können oder ihnen ohnehin nicht geglaubt wird. Andere Mädchen und Jungen "eignen" sich aus Tätersicht aufgrund ihrer Kontaktarmut oder ihrer isolierten Stellung in der Geschwisterreihe/im Klassenverband (vgl. CONTE et al. 1989).

Aus den Berichten betroffener Kinder und Jugendlicher läßt sich ablesen, daß Täter in der Regel zunächst die "Tauglichkeit des Objektes" testen. Sie beginnen die sexuelle Ausbeutung - abgesehen von Ausnahmefällen - nicht mit der Vergewaltigung des Opfers, sondern fast immer mit besonderer "Zuwendung": Dem Opa rutscht z.B. bei der Lieblingsenkelin wie zufällig die Hand in das Höschen. Protestiert das Kind lauthals oder weigert sie sich, nochmals auf dem Schoß des Mannes zu sitzen und wird der Widerstand von Dritten unterstützt, so wird Opa vielleicht etwas vorsichtiger sein und sich einem anderen Enkelkind "zuwenden". Hat das Mädchen jedoch nicht die Kraft zum lauten Widerstand und/oder findet sie in ihrer Umgebung kein Verständnis ("Stell Dich nicht so an, Opa hat Dich doch besonders lieb!"), so hat der Täter vermutlich ein leichtes Spiel: Sein Opfer ist "ihm relativ sicher".

Häufig wird die sexuelle Ausbeutung in der Anfangsphase als Spiel getarnt. Täter beschreiben die Übergriffe als Kraulen, Kitzeln, Krabbeln, Toben oder sie beschmieren z.B. ihren Penis mit Nutella und spielen mit dem Kind "Schokoladenmännchen zum Ablutschen". Ein anderer weit verbreiteter übler Trick ist das "Zauberspiel": Der Mißbraucher zeigt dem Kind, "wie aus seinem Pimmel eine Wolke kommt" oder "wie das Pipimännchen lachen und weinen kann". Oft behaupten Täter, dem Kind "Bauchschmerzen wegzaubern zu können", oder sie spekulieren mit der Angst der Kleinen vor Krankheiten und "untersuchen sie täglich nach Würmern" bzw. "reinigen die Muschi von Krankheitserregern". Ob "Zauber- oder Doktorspiele" - allen Tricks ist eines gemein: Mit ihrer Hilfe wird die kindliche Unwissenheit und/oder Neugier ausgenutzt.

Täter aus dem sozialen Nahbereich wenden bei "älteren" Kindern (Mädchen und Jungen ab dem Grundschulalter) die Masche des "Hofierens" an. Das Kind wird wie eine Erwachsene behandelt, darf z.B. Rauchen, wird zum Essen eingeladen und bekommt Alkohol und Drogen. In vielen Jugendämtern sind zudem die "netten Opas" bekannt, die Mädchen und Jungen von der Straße auflesen und sich für Kinder "engagieren".

Kinder haben ein tiefes Empfinden für die Sorgen und Nöte anderer Menschen. Da ist es für Erwachsene häufig ein leichtes Spiel, das kindliche Mitgefühl zum eigenen Vorteil zu mißbrauchen. "Ich bin so traurig, nur Du machst mich glücklich ...." Andere Täter setzen die Opfer mit ihren Leiden unter Druck: "Du bist die beste Medizin gegen mein Herzleiden. ... Alte Menschen sind immer so einsam. ... Wie gut, daß Du so lieb bist, denn als Pastor bin ich ganz alleine und habe keine Familie." Mit Hilfe von Geschenken wird das Opfer zusätzlich gekauft und erpreßt: Der Onkel lädt den Neffen zu einem Segeltörn ein. Der Lehrer schenkt der Schülerin Babypuppen und Kleidung. Eine Zehnjährige bekommt von ihrem Vater doppelt soviel Taschengeld wie die ein Jahr jüngere Schwester. Während die eine in die Rolle der "Prinzessin" erhoben und dadurch erpreßbar wird, sehnt sich die andere - das "Aschenputtel" - nach Beachtung und ist ihm "willig": Sie möchte auch mal Zuwendung und Zärtlichkeit bekommen. Die Isolation des Opfers hat fast immer System. Nicht nur, daß der Täter z.B. bei innerfamilialem Mißbrauch Zwietracht in die Beziehung zur Mutter sät, auch die Kontakte zu Gleichaltrigen (Geschwister und Freunde) versucht er meist systematisch zu beeinträchtigen. Freundinnen und Freunde des Opfers werden von ihm schlecht gemacht. Väter wachen über ihre Töchter und leisten sich Eifersuchtsdramen, wenn sich ein Junge für das Mädchen interessiert, oder sie spielen z.B. die Rolle des treusorgenden Familienoberhauptes, das in Sorge um das Mädchen (Jungen) auf die Einhaltung strenger Regeln achtet (Pünktlichkeit, Ordnung, Familienausflüge usw.). Sie halten Kinder und Jugendliche in einem mehr oder weniger "goldenen Käfig" gefangen. Besonders tragisch ist es für Mädchen (Jungen), wenn sie mitbekommen, daß sich der Vater an SchulkameradInnen und FreundInnen heranmacht. Oftmals brechen sie dann alle Kontakte zu Gleichaltrigen ab, denn sie wollen die anderen schützen, schämen sich für den Vater und/oder haben Angst, daß bald alles auffliegt, die Familie auseinanderbricht und alle Welt von "ihrer" Schande erfährt.

Um jeden Verdacht schon im Keime zu ersticken, ist es eine weit verbreitete Masche von Tätern, das Opfer vor Dritten zu tyrannisieren: "Schau mal in den Spiegel, so wie Du aussiehst, wird sich niemals ein Mann nach Dir umsehen! ... Eine solche Schlampe, Du bekommst doch nie etwas auf die Reihe! ... Dich mag man ja nicht mal mit der Kneifzange anpacken! ... Häßlich wie die Nacht und noch ein großes Mundwerk dazu!" Das Mädchen soll dankbar sein, daß er - ein "Vergewohltätiger" - sich noch um sie kümmert. Die Abwertung des Kindes oder der Jugendlichen sichert seinen "Besitzstand", denn niemand wird auf die Idee kommen, daß der Mißbraucher an dem Mädchen "Interesse" haben könnte, geschweige denn, sich an ihr vergreift.

Fast immer erklärt der Täter den Mißbrauch zum "gemeinsamen Geheimnis" und suggeriert damit dem Mädchen (Jungen) eine aktive Beteiligung. Kleine Kinder "verplappern" zwar meist das Erlebnis, doch ihre Umwelt nimmt das scheinbar Unglaubliche nicht ernst. Nach einer Weile beugen sich die Opfer meist dem Schweigegebot, sie schämen sich und spüren, daß es "besser ist", den Mund zu halten. In fast allen Fällen sichern Täter mit zusätzlichen Drohungen das Schweigen der Kinder und Jugendlichen: "Wenn Du über unser Geheimnis sprichst, dann kommst Du ins Heim! ...", und da Mädchen und Jungen stets hören, daß es zu Hause am schönsten sei, und sie ohnehin schon die Familie als Folterkammer erleben, wird das Heim in ihrer Vorstellung zur Hölle.

Meist behauptet der Täter, das Kind müsse die Konsequenzen für das tragen, was es mit ihm mache. Weitaus seltener drohen Mißbraucher damit, daß sie selbst ins Gefängnis kommen, wenn Dritte von dem sexuellen Mißbrauch erfahren.

Mit wachsendem Widerstand des Opfers entwickelt sich der Täter meist mehr und mehr zum (Haus)-Tyrannen (vgl. RIJNAARTS 1988). Solange das Mädchen (Junge) noch keine direkte Gegenwehr zu leisten vermag, ist der Mißbraucher häufig noch der "netteste Mensch". Allerdings zeigt er spätestens sein wahres Gesicht, wenn das Kind oder die/der Jugendliche sich mehr und mehr gegen die sexuelle Ausbeutung zur Wehr setzt. Streit, Spannungen und Schikanen des Täters haben Methode; sie sollen das Opfer erneut gefügig machen: Ein Lehrer tyrannisiert mit zusätzlichen Hausaufgaben, schlechter Laune und miserablen Noten die ganze Klasse; ein Heimleiter droht mit der Verlegung des Mädchens in ein geschlossenes Erziehungsheim; der Vater nähert sich recht offensichtlich der kleineren Schwester oder prügelt die Mutter usw. Die Gewalt nimmt in extremem Maße zu, wenn Dritte den Verdacht des sexuellen Mißbrauchs äußern. Das Kind wird fast immer mit zusätzlicher physischer und psychischer Gewalt zur Rücknahme der eigenen Aussage gezwungen. Erwachsene Frauen wagen es z.T. erst viele Jahre später, über die Eskalation des Terrors zu sprechen: Ein Täter hetzte den Hund auf die zwölfjährige Nichte; ein anderer kaufte eine Flasche Salzsäure und drohte, diese über das Opfer zu gießen; die Siebenjährige mußte erleben, wie der Vater ein weißes Pulver (vermutlich Traubenzucker) in ein Glas Wasser rührte und wie vom Blitz getroffen vom Stuhl fiel. Sie glaubte, er habe sich das Leben genommen, weil sie sich der Tante anvertraute. Immer wieder berichten betroffene Mädchen und Frauen, daß die geladene Pistole oder Schrotflinte auf dem Couchtisch daneben lag, als der Täter sie "benutzte". In jedem Haus gibt es eine "Waffe", denn in jedem Haushalt gibt es ein Brotmesser. Der Mißbraucher braucht nur das Messer in die Hand zu nehmen und dem Mädchen (Jungen) einen vielsagenden Blick zuzuwerfen, um sie in Todesangst zu versetzen. Wie groß ist erst der Schrecken eines Kindes, wenn die Kleine z.B. die Katze vergiftet findet!

Die genannten Beispiele können nicht als Einzelfall abgetan werden - im Gegenteil: Diese und ähnliche Gewalt(-androhungen) kennen Mißbrauchsopfer aus allen sozialen Schichten. Es erstaunt nicht, daß viele Mädchen (Jungen) ihre eigenen Aussagen widerrufen, wenn Dritte den Täter mit dem Verdacht konfrontieren.

Die Gleichberechtigung von Frauen steht als verbrieftes Recht im Grundgesetz; der Alltag vieler Frauen - selbst der von Akademikerinnen - wird demgegenüber immer noch durch patriarchalische Machtstrukturen geprägt. Männer betrachten sich z.B. in der Regel als Haushaltsvorstand; Frauen und Kinder sehen sie als untergeordnet an. Väter treffen nach wie vor häufig die "wesentlichen" Entscheidungen; Ehefrauen sind für die "unwichtigen Dinge" zuständig und haben den reibungslosen Ablauf des Familienalltags zu gewährleisten - sprich: die Doppelbelastung Beruf und Haushalt zu tragen. Bildlich läßt sich das familiale Machtungleichgewicht oft an der Tatsache ablesen, daß z.B. die Reinigung der Toilette in vielen Haushalten immer noch "reine" Frauensache ist.

Das Ungleichgewicht zwischen den Geschlechtern nutzen Täter bei innerfamilialem Mißbrauch, um gezielt einen Keil in die Beziehung zwischen Mutter und Tochter (Sohn) zu treiben. Sie beugen damit der Entdeckung des von ihnen verübten Verbrechens vor. Verletzende Bemerkungen, ungerechtfertigte Kritik und Schikanen von seiten des Mißbrauchers werten die Frau in ihrer Rolle als Mutter und Partnerin ab: "Sieh mal, als Frau bist Du für die Erziehung verantwortlich und wirst noch nicht einmal mit den Kindern fertig. Ich hingegen habe den wesentlich besseren Zugang zu der Kleinen! ... Früher warst Du attraktiv, aber seitdem Du die Kinder hast, kann man Dich nirgendwo mehr vorzeigen!" Das Selbstwertgefühl der Frau wird verletzt. Parallel zur Deklassierung der Mutter läuft meist die emotionale und materielle Aufwertung der Tochter, die besondere Geschenke und Komplimente bekommt - "Papas Liebling", die "kleine Prinzessin" darf z.B. mit Papa in Urlaub fahren; Mutter muß zu Hause bleiben. Der Mißbraucher forciert ein Konkurrenzverhältnis zwischen Mutter und Tochter. Er spielt beide gegeneinander aus, um dann auch noch der Ehefrau "ungerechtfertigte" Eifersucht vorzuwerfen: "Was bist Du nur für eine Mutter - eifersüchtig auf die Tochter, nur weil sie sich mit dem eigenen Vater gut versteht!"

Frauen spüren, daß zu Hause etwas nicht stimmt, doch sie können die Ursache für die merkwürdige Atmosphäre nicht fassen. Die Mutter zweifelt an sich, denn das Kind zeigt sich z.B. verstockt, wird immer dicker und/oder bewegt sich wie eine kleine Hure.

Frauen geben sich meist selbst die Verantwortung für die Probleme der Tochter (des Sohnes), trauen ihren eigenen Sinnen nicht mehr und resignieren über die Tatsache, daß sie "noch nicht einmal mit dem eigenen Kind klarkommen."

Es gehört zur Strategie von Mißbrauchern, nicht nur die sozialen Kontakte des Opfers, sondern auch die der Ehefrau zu beschneiden. Sie sprechen ihren Frauen z.B. oft das Recht auf eigene FreundInnen und Freizeitaktivitäten ab, intrigieren im Verwandten- und Bekanntenkreis gegen sie und/oder "putzen" sie vor Dritten runter: "Ich mache mir Sorgen um meine Frau; sie ist zur Zeit psychisch sehr belastet, ... z.B. ist sie krankhaft eifersüchtig auf unsere Tochter!" So stempeln sie die Mutter auf diese und ähnliche Art und Weise als gefühlskalt, kompliziert und überempfindlich ab - auch gegenüber dem sexuell mißbrauchten Mädchen (Jungen) nach dem Motto: "Jetzt wirst Du schon genauso zickig wie Deine Mutter!" Mit solchen Bemerkungen treffen sie nicht nur die Mutter, sondern auch das Mädchen, dessen Selbstwertgefühl als Frau verletzt wird. Auf der anderen Seite stilisieren Täter das Mädchen zur Frau und Geliebten und wälzen damit die Verantwortung für den Mißbrauch nicht nur auf die Ehefrau, sondern ebenso auf das Kind - die vermeintliche Verführerin - ab. Die "Provokation" durch das Opfer wie auch die angebliche Frigidität und mangelnde Attraktivität der Ehefrau stellen dementsprechend überführte Täter meist als die Ursache der sexuellen Gewalt dar. RICHARD SNOWDON beschreibt auf der Basis seiner breiten Erfahrung in der Therapie mit Sexualstraftätern deren Selbstbild mit dem Bild des gutmütigen Nikolaus zwischen Lolita und Hexe, der Ehefrau.

Täter fühlen sich im Recht: "Meine Tochter gehört mir. ... Ich kann mit meiner Tochter machen, was ich will!" Analog zur bis heute weit verbreiteten gesellschaftlichen Einschätzung, da sexueller Mißbrauch durch eine dem Kind vertraute Person höchstens eine Bagatelle sein kann, wiegen sie sich in Sicherheit - kein Wunder: in vielen Fällen können sie jahrelang gefahrlos Mädchen und Jungen ausbeuten. Sexuelle Gewalt gegen Kinder ist ein nahezu "perfektes" Verbrechen, denn die Täter brauchen in der Regel keine Konsequenz zu fürchten. Dementsprechend glauben viele, die Ausnutzung der Abhängigkeit des Kindes sei rechtens; um ein Verbrechen handle es sich lediglich, weil "es" unter Strafe stehe, nicht aber, weil dem Mädchen (Jungen) Schaden zugefügt werde. Allenfalls soll die Reaktion der Umwelt das Opfer traumatisieren, denn diese vermittle dem Kind überhaupt erst, daß etwas Schlimmes und Verbotenes geschehen sei.

Spricht man Mißbraucher auf beobachtete "mehr oder weniger" leise Übergriffe an, so halten die wenigsten von ihnen mit der skizzierten Denkweise hinter dem Berg. Nach dem Motto "Angriff ist die beste Verteidigung" beschuldigen sie ihr Gegenüber der Prüderie, der Verleumdung und/oder argumentieren, das Kind würde durch solche Diskussionen in der Entwicklung beeinträchtigt. Viele Täter zeigen ihr Gegenüber wegen Verleumdung an oder drohen zumindest mit einer Anzeige; andere beklagen sich bitterlich, ihnen werde Unrecht getan.

In der Praxis bestätigt sich zunehmend, daß viele Täter bei einer sehr klaren, gut vorbereiteten und für sie überraschenden Konfrontation "Teilgeständnisse" ablegen: Sie hätten z.B. das Mädchen (den Jungen) nur aufklären wollen, ehe es die Jungen von der Straße tun! Realisieren Mißbraucher ein wenig später, welche Konsequenzen ihre Tat hat, so nehmen sie die eigenen Aussagen meist zurück und stellen sich selbst als Opfer unglücklicher Umstände dar. Wenn es SozialarbeiterInnen, Polizei usw. gelingt, ihnen die sexuelle Ausbeutung nachzuweisen, so dient Tätern der Mythos vom pathologischen Vergewaltiger zur Aufrechterhaltung eines "heilen Selbstbildes" - sie definieren sich selbst als krank und brauchen damit die Verantwortung für ihr Tun nicht zu tragen. Andere sehen sich selbst als Opfer der eigenen Kindheitserlebnisse, des Krieges und/oder der gesellschaftlichen Verhältnisse. "Ich hatte so eine kalte Mutter!" ... "Im Krieg habe ich soviel mitgemacht ... heute bin ich alt/arbeitslos ...". Der Erwachsene hat oft das Selbstbild vom "armen Schlucker" verinnerlicht.

"Entwickelt ein Kind Rachgefühle für den Mann?" ist dementsprechend eine typische Frage von Vätern, wenn ihnen der Mißbrauch hieb und stichfest nachgewiesen wurde. Ihre Sorge gilt nach wie vor dem eigenen Wohlbefinden und nicht dem Wohl des Kindes. Manchmal werden Täter nach der Aufdeckung depressiv. Nicht etwa, weil sie ihre Tat bedauern, sie sind vielmehr traurig darüber, was sie verloren haben (vgl. RIJNAARTS 1988). Und so suchen die meisten Mißbraucher nach einer Verurteilung ihr nächstes Opfer.

5. Das organisierte Verbrechen: Pornographie mit Kindern

Der technische Fortschritt macht's möglich: "Dank" Videotechnik läuft kaum noch ein Produzent Gefahr, bei der Herstellung und Vervielfältigung von Pornographie mit Kindern aufzufliegen. Der reibungslose Vertrieb der Produkte läuft anschließend über Bundespost, Telefonkontaktbörsen der Privatsender und Kleinanzeigen in Fotomagazinen und Szeneblättern. Doch auch die seriösen Medien bieten als Werbeträger und bei der "Modellsuche" ein geeignetes Forum, wie das Beispiel - entdeckt in der Rubrik "Wohnungsmarkt" - belegt:

"Bauarbeiter mit ca. sechsjährigem Sohn zur tätigen Mithilfe am Objekt gesucht. Videoüberwachung gegeben. 15.000,-- VB. Chiffre ..."

Kurz und knapp: Das Geschäft "blüht". Und während Produktion und Vertrieb der Pornographie mit Mädchen und Jungen inzwischen Mafia-ähnlich organisiert ist, lassen sich Politiker Zeit, auf die Problematik "angemessen" zu reagieren. So dauerte es mehr als ein Jahr, bis die von Minister Kinkel in der Fernsehsendung "Mona Lisa" angekündigte und fertig in der Schublade liegende "Sofortmaßnahme" endlich als Gesetz verabschiedet wurde, das den Besitz von Pornographie mit Kindern unter eine vergleichsweise lächerliche

Strafe stellt. In anderen europäischen Ländern traten entsprechende Gesetze innerhalb kürzester Zeit in Kraft!

Zwar engagiert sich unser Staat in besonderem Maße für Tierschutz und subventioniert den Bau von Tierheimen mit Beträgen von jeweils bis zu 800.000,-- DM, doch mißt er anscheinend der Sicherung des Kindeswohls wesentlich weniger Wert bei. Mit einer vergleichsweise lächerlichen personellen und technischen Ausstattung sollen die Strafverfolgungsbehörden gegen einen Markt antreten, der inzwischen dem Drogenhandel vergleichbare Strukturen angenommen hat.

Die kollektive Verdrängung dieses gesellschaftlichen Problems zeigt sich nicht zuletzt in der nach wie vor verbreiteten "naiven" Vorstellung, Pornographie mit Kindern würde vor allem in Familien für den Privatgebraucht und "Einzelhandel" produziert - nach dem Motto: Mama steht hinter der Kamera, Papa agiert mit Sohn und Tochter. Doch die "Material"-beschaffung dieses lukrativen und quasi sicheren Verbrechens ist längst zu großen Teilen professionalisiert. Neben der Vermittlung von kindlichen Darstellern durch Eltern über Annoncen und Agenturen werden häufig Opfer über ältere Kinder beschafft, die als Schlepper gegen Bezahlung ihre kleineren Freundinnen und Freunde anwerben. "Notfalls" hilft Druck: "Wenn Du keinen Freund mitbringst, dann nehmen wir Deine kleine Schwester, ... dann ...". Eine andere Methode ist es, Mädchen und Jungen an typischen Kinderplätzen aufzutun (z.B. in Schwimmbädern oder in der Computerspielecke von Kaufhäusern). Und nicht zuletzt verfügen professionelle Pornoproduzenten oftmals über Kontakte zu MitarbeiterInnen pädagogischer, medizinischer und sozialarbeiterischer Berufe, die über ihre Tätigkeit unkontrollierten Zugang zu "geeigneten" Opfern haben - zu Mädchen und Jungen, die aufgrund ihrer sozialen Benachteiligung für jede Aufmerksamkeit dankbar und weniger in der Lage sind, Widerstand zu leisten. So ist es kaum ein Problem, das Schweigen dieser "Kinder ohne Lobby" zu sichern. Die Erlebnisse einer fünfzehnjährigen Jugendlichen machen deutlich, mit welch systematischer, physischer und psychischer Gewalt Pornoproduzenten ihre Opfer gefügig machen:

Tina lebte von klein auf außerhalb ihrer Familie. Nach einer "klassischen" Heimkarriere über verschiedene Stationen erfuhr sie über einen Kumpel von einer Unterkunftsmöglichkeit für Trebegänger. Thommy, ein Sozialarbeiter, der in dieser Einrichtung auch selbst wohnte, war auch erst einmal "schwer in Ordnung" und vermittelte in Konflikten zwischen Jugendlichen und deren Heimerziehern. Tina besuchte Thommy öfters, "fand das alles saugut". Schon auf der Wohnungstür klebten "geile" Aufkleber - wie z.B. "Kinder an die Macht". In der Wohnung gab es zahlreiche Scherzartikel, z.B. war ein Lachsack in die Kühlschranktür eingebaut. Thommy spendierte Orangensaft,

Zeitschriften ... oder lud zum Kneipenbesuch ein. Das Mädchen fühlte sich wahrgenommen und genoß die Abwechslung gegenüber dem strenger geregelten Heimalltag.

Nach einigen Besuchen war sie von Thommys Verhalten jedoch peinlich berührt: Der Sozialarbeiter pinkelte in ihrem Beisein ins Waschbecken. Das Mädchen war sprachlos und wagte es nicht, etwas dagegen zu sagen. Jahre später wertete sie dieses Ritual als "Test": Hätte sie damals die Möglichkeit gehabt, sich zu wehren, so hätte Thommy womöglich die Finger von ihr gelassen. Da sie jedoch keinen aktiven Widerstand leisten konnte, war sie für ihn ein "geeignetes" Opfer. Langsam steigerte Thommy die Formen der sexuellen Gewalt. Dabei assistierte ihm zum Teil ein junger Mann, der früher selbst als Jugendlicher in dieser Einrichtung Schutz gesucht hatte.

Tina wurde vergewaltigt, mußte sich Gewaltpornos ansehen und miterleben, wie andere Jugendliche gefesselt und auf sadistische Weise gequält wurden. Als schlimmste Erlebnisse bezeichnet das Mädchen die Produktion von Pornofilmen, in denen Gruppenvergewaltigungen unter Jugendlichen stattfanden. Das Filmmaterial führte Thommy anschließend seinen Opfern vor: "Damit Ihr seht, was Ihr gemacht habt. Wenn Ihr den Mund aufmacht, dann seid Ihr selber dran. Zudem glaubt Euch ja sowieso keiner. Eher landet Ihr in der Psychiatrie." Der "Sozialarbeiter" offenbarte zudem eine besondere Vorliebe für Gewaltpornos mit Babies.

Für sein Engagement wurde der "Helfer" öffentlich belobigt, ihm eine gesellschaftlich hochgeschätzte Ehrung ausgesprochen. Für Tina der Beweis, daß ihr wirklich niemand glauben würde. Doch als sie ihn dann auch noch als Gast in einer Talkshow im Fernsehen sah, wuchs ihre Wut über ihre Angst hinaus. Ganz vorsichtig begann sie, sich einer Beraterin anzuvertrauen.

Beim regelmäßigen Konsum von Gewaltpornographie entwickelt sich eine Suchtstruktur; die Pornos von heute verlieren morgen ihren "Reiz" - die Gewalt eskaliert. Wurde auf dem Markt lange Zeit Gewalt an asiatischen Kindern hoch gehandelt, so folgten die Produkte mit kleinen europäischen und dann mit behinderten Mädchen und Jungen. Bei steigendem Pornokonsum ist es keinesfalls erstaunlich, daß männliche Jugendliche live "das Allerneueste nachspielen": Gruppenvergewaltigungen an kleinen Kindern "Date rape" so lautet der Fachterminus für ein Phänomen, das in den USA schon länger und auch bei uns zunehmend beobachtet wird. Der Begriff umschreibt eine geplante (Gruppen-) Vergewaltigung. Ein Junge verabretet sich mit einer Freundin, Mitschülerin, Vereinskameradin ... (doch am Treffpunkt wartet dann eine Jugendgruppe auf die Jugendliche), um das Mädchen zu vergewaltigen. Die aber wagt in der Regel nicht, über die Gewalterfahrungen zu sprechen, denn kaum jemand würde ihr glauben: "... diese netten Jungen ... und die schwärmt doch für den ...". Zudem ist der Druck durch die Jungen zu groß, als daß das Opfer die Aufdeckung wagen würde. Allenfalls stände sie öffentlich als Hure da, die davon träumt, ...

Eine vergleichbare Dynamik garantiert das Schweigen der Opfer, die innerhalb einer Pornoproduktion mißbraucht werden, in der auch noch weitere Kinder oder Jugendliche ausgebeutet werden. Welches Mädchen/welcher Junge möchte ein anderes Kind - womöglich den Freund/ die Freundin - als Täter entlarven bzw. selbst als solcher entlarvt werden? Die Scham- und Schuldgefühle dieser Opfer sind unermeßlich. Haben einzelne Mädchen und Jungen dennoch die Kraft, das Unaussprechliche in Worte zu fassen und sich einem Menschen anzuvertrauen, dann beschreiben sie oftmals als das Schlimmste den Augenblick, in dem sie gezwungen wurden, sich selbst als "TäterIn" auf dem Bildschirm zu sehen. Sie erschreckt mehr die Gewalt, die sie anderen zufügen mußten, als daß sie den eigenen Schmerz fühlen.

In ihrer Skrupellosigkeit vergessen Pornoproduzenten jedoch nicht die eigene Sicherheit. Damit man sie über ihre Produkte nicht identifizieren kann, lassen sie die DarstellerInnen oftmals (Monster-, Teufels- oder Hexen-) Masken tragen. Eine andere Methode ist es, die Gesichter bis zur Unkenntlichkeit zu schminken oder die Köpfe der Täter (und Opfer) aus den Filmen herauszuschneiden.

6. Satanische Rituale

Der Schriftsteller PETER WOLF stieß bei seiner Recherche über Frauenhandel auf eine besondere Gruppe der Sexualstraftäter: Die Kapuzenmänner. In dem in keinster Weise voyeuristischen Roman "Der Kapuzenmann" verarbeitet er seine Erkenntnisse und entwickelt Schritt für Schritt die Psychodynamik eines Staatsanwaltes mit zwei Gesichtern: Neben seinem Leben als verdienstvoller Bürger lebt der Ordnungshüter sein zweites Ich als sexueller Gewalttäter. Er vergewaltigt ein Kind bis zum Tode und soll nun zum finanziellen Nutzen eines mitwissenden Pornoproduzenten als Darsteller in einem Gewaltporno seine Tat wiederholen. Der Roman läßt erahnen, womit einige MitarbeiterInnen von Beratungsstellen gegen sexuellen Mißbrauch im Alltag konfrontiert werden: Mit der Allianz von Satanisten, Pornoproduzenten und Kinderhändlern.

Die Beziehungen der Teufelsverehrer werden von Haß und nicht von Liebe getragen. In ihren Sekten herrscht die Willkür des Stärkeren; Vergewaltigung, Prostitution und Drogen stehen auf der Tagesordnung. Im Rahmen von satanischen Ritualen - schwarzen Messen - werden Mädchen und Jungen mißbraucht und Tiere und Babies auf bestialische Art und Weise gefoltert und dem Teufel geopfert.

Der Handel zwischen Satanisten und Pornohändlern ist ein Geschäft auf Gegenseitigkeit: Während die einen sich als "Darsteller" betätigen und für den "Nachschub an kindlichen Akteuren sorgen", stellen die anderen die Finanzen und Babies, die vermutlich über den internationalen Kinderhandel eingekauft werden. Wieviele Mütter aus Dritte-Welt-Ländern und Kriegsgebieten haben in ihrer Not wohl schon ihre Kinder aufgegeben, in dem festen Glauben, ihre Töchter und Söhne hätten bei Adoptiveltern in einem reichen Land bessere (Überlebens-) Chancen?!

In der Praxis fällt auf, daß einzelne Hinweise auf satanische Rituale in vielen Fällen den Strafverfolgungsbehörden bzw. den Familien- und Vormundschaftsgerichten bekannt werden. Doch können diese die Indizien nicht richtig einordnen. Weder die Ermittlungsmethoden der Polizei noch die Qualifikation und die Verfahrensweisen der im Auftrage der Gerichte tätigen psychologischen GutachterInnen werden dieser Problematik gerecht. Bisher ist es z. B. kaum Praxis, in Verfahren SektenexpertInnen mit hinzuzuziehen. In diesem laienhaften Vorgehen liegt begründet, daß fast immer nur die Spitze des Eisberges bekannt wird. Wenn überhaupt - denn fast alle Sekten integrieren gezielt (Kinder-) Ärzte als Mitglieder, die ggfs. "im Sinne der Prophylaxe die Krankengeschichte redefreudiger Kinder festschreiben", so daß "dank der medizinischen Diagnose" die Berichte der Opfer satanischer Rituale als Ausdruck einer psychischen Störung abgetan werden. Erschrekkend ist, daß selbst "Mißbrauchspäpste" unter den Kinderpsychiatern zum Teil auf dieses ausgeklügelte System hereinfallen und mit ihrer Diagnose einer Psychiatrisierung der Opfer und dem Freibrief der Täter Vorschub leisten.

Gerade ländlich-konservative Gebiete eignen sich für Sekten zum systematischen Auf- und Ausbau einer Infrastruktur. Kennt doch jeder jeden - ist doch der einzelne leichter erpreßbar. Typisch ist, daß Sekten sich leicht in Orten ausweiten, in denen die örtliche Prominenz als Mitglied zu gewinnen ist - vom Bürgermeister über den Lehrer bis hin zum Leiter der örtlichen Sitte. Die Drähte funktionieren perfekt, und will jemand nicht mehr so recht, da wird ein wenig nachgeholfen .... . In Einzelfällen kommt dem "eifrigen Ordnungshüter" die Rolle des Jokers zu, hängt doch der Erfolg der Ermittlungen nicht zuletzt von ihm ab.

Im Gegensatz zu anderen Ländern, in denen es bereits Sonderkommissionen für die Ermittlung bei Mißbrauch in Institutionen und bei satanischen Ritualen gibt, verschläft unser Land diese Entwicklung und beläßt diese Aufgabe den örtlichen Dienststellen. Die Manipulationsmöglichkeiten für Sektenmitglieder sind demzufolge sicherlich nicht klein. Es muß noch nicht einmal sein, daß der örtliche Kriminalbeamte oder (Familien-) Richter selbst den Satanskult praktiziert; es reicht, wenn er selbst z.B. als Familienvater berechtigte Angst um das Leben seiner eigenen Kinder hat und verständlicherweise (un-)bewußt einzelne Informationen falsch einordnet oder ausblendet. Wie schwer die Sektenstrukturen zu durchschauen sind, spiegelt sich in der Tatsache wieder, daß selbst Mädchen und Jungen, die in satanischen Ritualen über Jahre mißbraucht werden, oftmals ihre eigenen Eltern unter den Folterern nicht erkennen.

U., zehn Jahre alt, gab nicht auf. Verzweifelt schrie er: "Hört auf, ich mach nicht mehr mit. Ich sag das meinem Papa, der ist stark und hilft mir!" In dem Moment trat ein Kapuzenmann nach vorne und nahm seine Tarnung ab: Es war der Vater des Jungen.

Die Schelte gilt deshalb nicht der Polizei und den RichterInnen vor Ort als vielmehr den PolitikerInnen, die im Jahre 1993 noch immer nicht für die Einrichtung von überregionalen Sonderkommissionen eintreten.

Ebenso wie Wissen Macht begründet, manifestiert Unwissenheit Hilflosigkeit und Ohn-Macht. Nicht zuletzt in der unzureichenden Information professioneller MitarbeiterInnen der Jugendhilfe und der Strafverfolgungsbehörden liegt deren Scheitern bei der Aufdeckung satanischer Rituale begründet.

Im folgenden werden einige Phänomene des Satankultes aufgelistet, denen die BeraterInnen betroffener Kinder wiederholt begegneten:

Mädchen und Jungen werden in satanischen Ritualen mit Hilfe von Hypnose und Drogen in einen Trancezustand versetzt, so daß sie selbst manchmal am Realitätsgehalt ihrer Erinnerungen zweifeln.

Tatorte sind neben Kultstätten im Freien (Wälder und Ruinen) auch (öffentliche) Gebäude, in denen niemand "so etwas" vermuten würde (z.B. Kirchen oder Kellergewölbe, mit Lärmschutz ausgestattete Räume bis hin zu ganz normalen Räumlichkeiten öffentlicher Einrichtungen).

Spezielle Kulträume sind schwarz ausgestaltet und mit Symbolen des Teufels dekoriert (z.B. umgedrehte Kreuze).

Mit Theatertechnik werden Licht- und Toneffekte erzielt (z.B. Nebelschwaden mit bengalischem Licht oder Trockeneis).

Die Zahl 666 ist die Zahl des Teufels. Sektenmitglieder verwenden sie z.B. als KFZ-Kennzeichen.

Die Zeichen des Teufels werden einzelnen Kindern eingebrannt (z.B. 666, ein umgekehrtes Kreuz unterhalb des Haaransatzes, hinter dem linken Ohr .)

Fingernägeln und Haaren kommen eine besondere Bedeutung zu.

Mädchen und Jungen werden in satanischen Ritualen nicht nur von Erwachsenen gequält und mißbraucht, sondern die Kinder werden ebenso gezwungen, diese Handlungen untereinander zu praktizieren.

Innerhalb der schwarzen Messen werden Tiere und Babies geopfert. Dabei benutzen die Satanisten oftmals Kinder als Werkzeug, d.h. Mädchen und Jungen werden unter Hypnose, Drogen und/oder Druck dazu gezwungen, Tiere und Babies zu töten, die Organe zu essen und das Blut zu trinken.

Bei manchen Ritualen werden Tiere und Babys von Kampfhunden zerfleischt.

Oftmals werden Kindern abgehackte Glieder (z.B. Finger von Babies) gezeigt, um sie an die "eigene" Tat zu erinnern bzw. ihnen Angst zu machen.

Kinder, die aussteigen wollen und Dritten gegenüber sprechen, werden mit "ihren" Taten erpreßt und so oder über andere massivste Drohungen erneut zum Schweigen gebracht.

In der Regel werden die Gebeine der Mordopfer verbrannt und die noch verbleibenden Überreste anschließend in Wäldern vergraben. (Kultstätten haben oftmals eine Feuerstelle. Dies kann ein Kaminfeuer sein!)

Kinder werden gezwungen, Urin zu trinken und Kot zu essen.

Auch renommierte Persönlichkeiten des öffentlichen Lebens können Sektenmitglieder sein!!!!! Der Satanskult ist kein schichtenspezifisches Phänomen.

Sektenangehörige benutzen ihre Söhne und Töchter und Kinder aus dem sozialen Umfeld. Diese werden z.T. über ältere Kinder "angeschleppt", die sich z.B. als Babysitter andienen. Andere Zugangsmöglichkeiten zu Kindern bestehen über berufliche Tätigkeiten (z.B. Hausmeister einer Grundschule).

Kinder, die ohne das Wissen ihrer Eltern ausgebeutet werden, werden häufig mit Morddrohungen gegen die Eltern oder Geschwister erpreßt.

Einige Sektenangehörige verkaufen ihre Töchter und Söhne zudem für Pornoproduktionen oder schicken sie auf den Kinderstrich. ("Bräute" des Satans müssen z.T. als jugendliche Dominas "ihr Geld" verdienen.)

Die Diagnostik satanischer Rituale muß mit größter Vorsicht geführt werden, denn im Einzelfall ist genauestens zu prüfen, ob es sich de facto um ein satanisches Ritual handelt oder ob Gewaltformen des Satanismus z.B. von

Pornoproduzenten übernommen und vermarktet wurden. Gleichwohl ist eine Fachdiskussion über diese Problematik dringend geboten, denn keinesfalls sollte es - wie in den USA z.T. geschehen - der Sensationspresse überlassen werden, in voyeuristischer Form die "Enttabuisierung" dieses Themas zu betreiben. Es gilt, einen interdisziplinären Erfahrungsaustausch aufzubauen und den Kolleginnen und Kollegen die notwendigen Sachinformationen zu geben, damit sie satanische Rituale als solche erkennen und den Opfern adäquate Hilfen anbieten können.

Literatur

ABEL, G./ROULEAU, J.-L.: The nature and extent of sexual assault. In: MARSHALL/W.L et al. (Ed.): Handbook of sexual assault. issues, theories, and treatment of the offender. New York: 9-21, 1990.

BANGE, D.: Wenig beachtet und doch eine Tatsache: Auch Frauen mißbrauchen Kinder. In: Pro Familia Magazin Sexualpädagogik und Familienplanung. Heft 3, 1990.

BANGE, D.: Die dunkle Seite der Kindheit. Sexueller Mißbrauch an Mädchen und Jungen. Ausmaß - Hintergründe - Folgen. Köln 1992.

BIELER, M.: Still wie die Nacht. Hamburg 1989.

BUDIN, L.E./JOHNSON, C.F.: Sex abuse prevention programms: Offenders' attitudes about their efficacy. In: Child abuse & neglect Vol. 13: 77-87, 1989.

BULLENS, R.A.R.: Ambulante Behandlung von sexuellen Delinquenten innerhalb eines verpflichtend gerichtlichen Rahmen. Ohne Ortsangabe, 1990.

BULLENS, R.A.R.: Behandlung von Inzesttätern. In: Villigster Forum. Sexueller Mißbrauch an Jungen. Amt für Jugendarbeit der Ev. Kirche von Westfalen (Hg.): Dokumentation des Villigster Forums. "Therapie, Intervention und Prävention bei sexuellem Mißbrauch von Mädchen und Jungen". Schwerte: Recklinghäuser Werkstätten: 54-74, 1991.

CONTE, J.R.: What sexual offenders tell us about prevention strategies. In: Child abuse & neglect Vol. 13: 293-301, 1989.

EMMA: Das vernichtende Urteil. Über Woody Allen. Emma, Heft 5, 1993.

ENDERS, U.: Zart war ich, bitter war's. Köln,1990.

ENDERS, U.: Die Not des Kindes. Emma Heft 5: 52-54, 1993.

FALLER, K.C.: Women who sexually abuse children. In: Violence and Victims Vol. 2: 263-276, 1987.

FEHRENBACH, P.A./MONASTERSKY, C.: Characteristics of female adolescent sexual offenders. American Journal of Orthopsychiatry Vol. 58: 148-151, 1988.

FILTER, C.: Falsche Kinderfreunde. Emma Heft 5, 1993.

FILTER, C.: Ein Besuch in Coesfeld. Emma Heft 5, 1993.

GODENZI, A.: Bieder, brutal. Frauen und Männer sprechen über sexuelle Gewalt. Zürich, 1989.

KAVEMANN, B./LOHSTÖTER, I.: Väter als Täter - Sexuelle Gewalt gegen Mädchen. Reinbek, 1984.

MARQUIT, C.: Der Täter, Persönlichkeitsstruktur und Behandlung. In: BACKE, L. et al. (Hrsg.): Sexueller Mißbrauch von Kindern in Familien: 118-136, Köln, 1986.

RIJNAARTS, J.: Lots Töchter. Düsseldorf, 1988.

SATTLER, C./FLITNER, E.: Wieso die Männer? Feministische Überlegungen zum Inzest. In: KAZIS, C. (Hrsg.): Dem Schweigen ein Ende. Sexuelle Ausbeutung von Kindern in Familien: 31-43, Basel, 1988.

WIRTZ, U.: Sexuelle Ausbeutung von Kindern in der Familie. Ein Blick auf die Täter. In: SCHUH, J./KILLIAS, M. (Hrsg.): Sexualdelinquenz: 137-148, Zürich, 1991.

WYRE, R./SWIFT, A.: Und bist du nicht willig... Die Täter. Köln, 1991.

ZARTBITTER MÜNSTER: Das kalte Kotzen. Reaktion der Zartbitter e.V. Männergruppe Münster auf den Pädophilenbericht in der Rosafahne April/Mai 1990. Rosafahne, Lesben- und Schwulenmagazin für Münster und Umgebung: 12-13, 1990.

Thomas Layne[1]

Die therapeutische Arbeit mit den Tätern.

Inzest und Kindesmißbrauch sind in meinem Land, den USA, ein ernsthaftes Problem. Diese Fachtagung spiegelt die Ernsthaftigkeit dieses Problems auch in Deutschland wieder. Was wir gemeinsam haben, ist, daß wir alle nach wirkungsvollen Mitteln suchen, um sexuellen Mißbrauch unserer Kinder aufzudecken, zu behandeln und zu verhindern.

Wir haben auf diesem Gebiet in den letzten 20 Jahren große Erfahrungen gemacht. Eine der wesentlichsten Erfahrungen war die, wie wenig wir wissen, besonders über die wirkungsvolle Behandlung von Sexualtätern. Ich glaube deshalb, daß es wichtig ist, daß wir zusammen nach Lösungen suchen. Ich glaube, daß wir dadurch, daß wir unser Wissen, unsere Erfahrung und unsere Ideen teilen, schneller und effektiver Mittel entwickeln können, die tatsächlich wirken, um unsere Kinder vor Kindesmißbrauch zu schützen, diejenigen, die mißbraucht worden sind zu behandeln und den Tätern Behandlung zu offerieren, so daß sie nicht wieder ein derartiges Verbrechen begehen. Da, wie die meisten Forschungsarbeiten in den USA zeigen, eine von drei Frauen im Alter von 18 Jahren bereits sexuell mißbraucht worden ist (85 % wurden dabei von einem Bekannten mißbraucht), ist dies kein kleines Problem, das nur in isolierten Situationen auftaucht. Es ist ein geläufiges soziales Problem, und jeder Versuch einer Lösung muß auf dieser Ebene abgehandelt werden.

In diesem Kontext möchte ich Ihnen an dieser Stelle eine Vermutung mitteilen. Ich wäre nicht überrascht zu erfahren, daß es zumindest einen Mann unter uns heute abend gibt, der ein Kind sexuell mißbraucht hat, oder der dies in Zukunft tun wird. Ich hatte einmal einen Bekannten in Kalifornien, der Spezialist war für die Rechte der Kinder im Staat Kalifornien; er hatte auch eine Lizenz, um als Psychotherapeut privat zu praktizieren. Ich habe mit ihm drei oder vier Jahre in einer therapeutischen Arbeitsgruppe/Ausbildungsgruppe zusammengearbeitet. Er wurde eines Tages festgenommen und wegen Mißbrauchs eines Mädchens aus seiner Nachbarschaft zu 6 Jahren Gefängnis verurteilt; er mußte für fast 5 Jahre ins Gefängnis. Aus diesem Grunde wäre

[1]Deutsche Übersetzung von Dr. JOACHIM RAITH

ich nicht überrascht. Traurig und zornig wohl, aber nicht überrascht. Es ist möglich, daß jeder ein Täter sein kann.

Es gibt vieles, was ich mit Ihnen heute abend teilen möchte, und ich denke, daß die Zeitbegrenzung und die Informationsmenge es notwendig machen, daß ich die Dinge nur umreißen kann, ohne dem Detail viel (oder genügend) Aufmerksamkeit zu widmen. Es ist so ein bißchen, wie wenn ein Bus an einer Ampel steht: sobald der Bus anfährt, schaut man aus dem Fenster und sieht nur die Schlagzeile einer wichtigen Story in einer Zeitung am Kiosk. Vielleicht kann man später die Zeitung kaufen; im Moment aber ist der Bus unterwegs.

Wenn wir über die wirkungsvolle Behandlung von Männern, die Kinder sexuell mißbraucht haben, sprechen, müssen wir mit einer Frage beginnen. Kann man ihnen helfen? Können sie geändert oder geheilt werden? Die Antwort darauf scheint zu sein "einige ja, andere nein". Es gibt, glaube ich, Täter, die nicht behandelbar sind.

A. NICHOLAS GROTH ist der Leiter eines Behandlungsprogramms für Sexualtäter in einem Gefängnis in Connecticut; er sagt, daß einige Täter schon zu lange zu schwer geschädigt sind, daß man vernünftigerweise nicht erwarten kann, daß sie durch zur Verfügung stehende Behandlungsmethoden geheilt oder rehabilitiert werden können. Für andere sieht die Prognose günstiger aus; für die Klienten, bei denen der Einsatz mentaler Behandlungsprogramme greift. Wenn GROTH davon spricht, daß er mit Sexualtätern arbeitet, spricht er von "therapeutischem Management". Meine Erfahrung geht dahin, was auch die Forschung zu bestätigen scheint, daß wir bei unserer Arbeit wahrscheinlich nicht erfolgreich sein werden, wenn wir den Patienten "heilen" wollen. Wir müssen uns auf den Prozeß des therapeutischen Managements konzentrieren. Behalten Sie diesen Satz im Gedächtnis, wenn wir nun weitergehen, denn dies ist der Kontext, in dem mein Vortrag sich abspielt.

Ein bedeutsamer Teil der Therapie ist es, daß man lernt und weiß, daß das, was sich in der Therapie ereignet zwischen Therapeut und Patient, vertraulich ist. Bei der Arbeit mit Tätern, die Kindesmißbrauch begangen haben, gibt es eine zusätzliche Dimension. Ich muß immer daran denken, daß ich nicht alleine - wie in einem Vakuum - mit diesem Menschen arbeite. Es gibt da draußen ein Kind, das Opfer dieses Mannes geworden ist. Ich habe eine weiter gefaßte Verantwortung - nicht nur diesem Mann gegenüber, meinem Patienten, sondern auch der Gemeinschaft gegenüber. Er hat ein Gesetz gebrochen, ein Verbrechen begangen, einem Kind Gewalt angetan. So ist es Teil meiner Arbeit, ein Gutachten über diesen Mann zu erstellen, im Interesse der

Prävention. Wenn solch ein Patient zu mir kommt, dann muß ich fragen (und werde vermutlich auch gefragt): "Was muß getan werden, um zu verhindern, daß diese Person wieder ein Kind sexuell mißbraucht, wobei gleichzeitig zu bedenken ist, daß der Lebensführung des Täters nur so viele Restriktionen auferlegt werden wie unbedingt notwendig sind?" Wir betreiben nicht nur individuelle Therapie. Wir geben ein Gutachten über diesen Patienten als Teil unserer großen sozialen Verantwortung ab.

Ich kann Ihnen ein Beispiel dafür geben, wie wichtig das ist. Ich hatte eine Kollegin, die eine ausgezeichnete Therapeutin besonders bei mißbrauchten Kindern war. In Kalifornien haben wir ein Gesetz, das besagt, daß Therapeuten und andere berufsbezogene Personen gleicher Ausbildung (wie Ärzte), dann, wenn sie einen begründeten Verdacht haben, daß ein Patient ein Kind mißbraucht hat oder daß ein kindlicher Patient mißbraucht worden ist, dies der Polizei oder dem Kinderschutz/Jugendamt (Child Protective Services) berichten müssen. Der Therapeut muß keinen Beweis dafür haben, lediglich einen begründeten, hinreichenden Verdacht. Wenn er dies unterläßt, dann kann man ihm die Lizenz als Therapeut entziehen, der Therapeut kann möglicherweise verhaftet werden und sich vor dem Gericht verantworten müssen.

Meine Kollegin jedenfalls arbeitete mit einer Familie und erfuhr, daß der Vater seine Tochter sexuell mißbraucht habe. Die Therapeutin entschied sich dafür (und hielt dies für eine sachbezogene, gute Entscheidung), die Situation nicht zu berichten, da sie glaubte, sie könne mit der Familie arbeiten; der Vater versprach auch zu kooperieren und mit dem Kindesmißbrauch aufzuhören. Ein Jahr später entdeckte man, daß der Vater die Tochter immer noch sexuell mißbrauchte. Weil die Therapeutin in diesem Falle sich ausschließlich auf den Kontext einer individuellen Familie beschränkte und die weitere soziale Verpflichtung nicht erfüllte, mußte das Kind ein weiteres Jahr Mißbrauch erdulden, sogar während die Familie in Therapie war. In Deutschland gibt es, soweit ich weiß, diese Anzeigepflicht nicht. Ich möchte gerne wissen, wieviele Kinder weiter mißbraucht werden, weil es eine solche Meldepflicht nicht gibt.

Wir haben immer noch folgende Frage: Ist es möglich, Täter, die Kindesmißbrauch begehen, erfolgreich zu behandeln? NICHOLAS GROTH schreibt, daß das "therapeutische Management" eines Täters folgende vier Punkte beinhalten muß:

1. Er muß den Kindesmißbrauch anerkennen und erklären, daß er ein Kind mißbraucht hat - ohne die Verantwortung und Schuld auf einen externen Grund zu projizieren, wie etwa Alkohol oder daß das Opfer ihn "verführt" habe etc. (Ein fünfjähriges Mädchen kann nur dann wissen, wie man einen

Mann verführt, wenn ein Mann ihr ein solches Verhalten beigebracht hat. Verführung oder nicht, der Mann trägt allein die Verantwortung für das was er tut.)

2. Der Täter muß für seine Handlungen verantwortlich gemacht werden. Irgendeine Form der Entschädigung oder des "Zurückgebens" ist notwendig. Eine Möglichkeit ist, daß er für die Therapie des Opfers bezahlt.

3. Der Täter muß sensibilisiert werden für das Verhaltensmuster oder die Verhaltenskette, die zu seiner sexuellen Involviertheit mit Kindern führte, so daß er frühzeitig Warnsignale und -symptome entdecken kann.

4. Der Täter sollte alternative und angemessene Arten des Selbst-Ausdrucks entwickeln, Belohnung/Gratifikation und Management der Gefühlsimpulse wollen. GROTH erklärt, daß "wenn diese Merkmale den Behandlungsplan eines Täters in konkreter Weise charakterisieren, seine Rehabilitation Aussicht auf Erfolg hat".

Über lange Jahre hinweg war in den USA die am meisten gebrauchte Methode, um die Möglichkeit einer erfolgreichen Behandlung zu entscheiden, den Täter in bezug auf eine fixierte oder regressive Persönlichkeit zu begutachten. Man glaubte, daß einige Männer aus einer sexuellen Präferenz für Kinder heraus mißbrauchen, während andere Männer durch situative Faktoren beeinflußt werden, die sonst normalerweise eine Präferenz für Erwachsene haben. David Finkelhor, ein amerikanischer Therapeut und Forscher, schlägt eine nützlichere Art und Weise Mißbrauchsverhalten zu klassifizieren vor, indem er zwei kontinuierliche Dimensionen benutzt. Die erste Dimension ist die Stärke des sexuellen Interesses eines Mannes an Kindern. Wie stark ist er motiviert, mit einem Kind sexuell zu verkehren? Zum Beispiel wie viele Kontakte hat er mit Kindern gehabt, und haben sich diese über eine längere Zeitspanne hingezogen? Die zweite Dimension ist, wie exklusiv sein Interesse an Kindern ist? Welcher Prozentsatz seiner gesamten Sexualerfahrung bezog sich auf Kinder? Beide Dimensionen zusammen sind bedeutsam, wenn man wissen will, ob bei einem Mann eine erfolgreiche Behandlung möglich ist und welches der beste Behandlungsplan für ihn sein würde.

In diese Richtung gehen FINKELHORS vier "Vorbedingungen" für Mißbrauchsverhalten.

1. Ein potentieller Täter muß eine Motivation haben, um ein Kind sexuell zu mißbrauchen. Es kann damit zu tun haben, daß der Täter ein emotionales Bedürfnis befriedigen will, oder er könnte Erfahrungen gemacht haben, die eine sexuelle Erregung durch das Kind herbeiführten, oder andere

Quellen sexueller Befriedigung stehen ihm nicht zur Verfügung. Er muß eine Motivation haben.

2. Ein potentieller Täter muß innere Hemmungen überwinden, um im Sinne dieser Motivation zu handeln. Dies könnte durch den Gebrauch von Alkohol oder anderweitigem Drogengebrauch der Fall sein, durch eine Störung der Triebkontrolle, durch eine Psychose oder das Versagen des "Inzestverbotsmechanismus".

3. Ein potentieller Täter muß äußere Hemmschwellen überwinden. Der Mißbrauch wird zum Beispiel erleichtert bei häufigen Krankenhausaufenthalten der Mutter, bei deren zeitweiliger Abwesenheit und/oder wenn die Familie sozial isoliert lebt.

4. Ein potentieller Täter ist dazu in der Lage, den Widerstand eines Kindes gegen den Mißbrauch zu untergraben oder zu überwinden. Ist es dem Kind unmöglich, Widerstand zu leisten, kann das auf seine eigene emotionale Unsicherheit zurückgeführt werden, auf Informationsmangel, auf Vertrauen in den Täter oder auf die Anwendung von verbalem oder physischem Zwang.

Alle vier dieser Vorbedingungen müssen beim Zustandekommen von sexuellem Mißbrauch gegeben sein. Fehlt eine von ihnen, dann findet kein Mißbrauch statt. So ist diese Reihe von Vorbedingungen in zweierlei Hinsicht nützlich. Erstens helfen sie die Prävention sexuellen Mißbrauchs zu organisieren. Und sie sind nützlich, eine Situation zu evaluieren, in der ein Kind sexuell mißbraucht worden ist. Wie es zum Beispiel dazu kam, daß diese Vorbedingungen in dieser Situation präsent waren.

Die besten Behandlungsmöglichkeiten, die besten Chancen für eine erfolgreiche Behandlung werden durch eine sehr gründliche Begutachtung möglich. Hier sind einige der Fragen, die wir stellen müssen, um ein klares Bild von der Richtung der Therapie zu bekommen:

Wie ist seine Fähigkeit, seine Triebe zu kontrollieren, besonders seine sexuellen und aggressiven Triebe?

Wie ist seine Geschichte im Hinblick auf sexuelle Angriffe, Ausdruck von Zorn und Aggression, Selbstmordversuche und nichtsexuelle Gewalt? Probleme der Triebkontrolle können auch vorhanden sein, beispielsweise, wenn es eine Geschichte des Weglaufens, des zuviel Geldausgebens, des Spielens, des rücksichtslosen Fahrens oder ein Alkoholproblem gibt. Je mehr die Sexualität ein Ausdruck von Macht und Zorn wird, und je mehr die Aggression erotisiert wird, desto größer ist die Gefahr, daß ein Opfer zu Schaden kommt.

Wie groß ist die Toleranz in bezug auf Frustration, und wie ist sein Verhalten unter Stress strukturiert?

Welches ist die Ebene seiner emotionalen Stabilität und/oder die Geschichte seiner mentalen Krankheit?

Je instabiler er emotional ist, desto wahrscheinlicher wird er seine Sexualverbrechen wiederholen.

Wie sieht sein Kontakt mit der Realität aus?

Wenn das kriminelle Verhalten einer Person zeigt, daß sie nicht die Fähigkeit besitzt, die Tragweite ihrer Taten einzuschätzen, dann wird sie als besonders schwerer Risikofall in bezug auf Wiederholung ihrer Sexualverbrechen erachtet. Während nur wenige Sexualtäter in offensichtlicher Weise psychotisch sind, so zeigen doch viele von ihnen Schwächen im Realitätsbewußtsein und beim Testen der Realität, die man als fast-psychotisch bezeichnen kann. Eine Weise dies zu erkennen ist es, die Eigenperzeption des Täters mit der des Opfers zu vergleichen. (Ich habe Gruppen geleitet, die Täter, Ehefrauen/Mütter und überlebende Opfer einschlossen. In solchen Gruppen ist das Testen der Realität ein sehr aussagekräftiges Hilfsmittel).

Welche Art von Verhalten zeigt er bei interpersonalen Beziehungen? Sexualmißbrauch kann bedeuten, daß er Konflikte oder Gefühle aus einer anderen früheren oder gegenwärtigen Beziehung auslebt. NICHOLAS GROTH sagt, daß "Anzeichen ... für manipulative, narzißtische, selbst-dienliche oder bösartige Weisen der Beziehung - besonders dann, wenn andere als Objekte angesehen werden, die man benutzen kann oder als Hindernisse, die man auf dem Weg zur eigenen Bedürfnisbefriedigung überwinden muß - in bezug auf die Wahrscheinlichkeit eines zukünftigen Sexualvergehens, zur Besorgnis Anlaß geben müssen."

Welches ist die Ebene seiner Selbst-Bewußtheit und seines Selbst-Bildes? Wie groß ist die Bereitschaft, die volle Verantwortung für das, was er getan hat, zu übernehmen? Hat er ein realistisches Schuldbewußtsein und etwas Einsicht, warum er so etwas getan hat? All diese Faktoren tragen dazu bei, die Wahrscheinlichkeit einer Wiederholung zu verhindern.

Es ist auch bedeutsam, den Grad der Eigenakzeptanz zu evaluieren. Fühlt er sich persönlich inadäquat oder grandios? Hat er eine Wertordnung und Lebensziele? Welche Arten von Aktivitäten, an denen er teilnimmt, helfen ihm, sich selbst zu definieren? Helfen oder behindern diese Aktivitäten die Möglichkeiten der Behandlung?

Welches sind seine adaptiven Stärken? Gibt es eine Balance zwischen Stärken und Schwächen in seiner Persönlichkeit? Auf was kann man aufbauen?

Wie sieht seine Geschichte aus? Oder besser, seine Geschichten? Wie sieht sein Familienhintergrund aus, besonders im Hinblick auf Gewalt, Beziehungen, Sexualverhalten und finanzielle Probleme? Wie sieht seine Krankengeschichte aus (Bewußtseinsstörungen, Krankheit, Selbstmordversuche, Schlaflosigkeit, Suchtneigungen, Behinderungen etc.)? Wie sieht sein Bildungsweg aus (Lernprobleme oder Verhaltensauffälligkeit in der Schule)? Sein beruflicher Werdegang (Schwierigkeit, eine Stelle zu halten, Beziehungsprobleme, Arbeitslosigkeit, Stress)? Sexualentwicklung (was hat er gelernt, von wem, und wie hat er es gelernt; war er selbst auch ein Opfer; hat er Gewalt oder Einschüchterung benutzt, um sexuellen Zugang zu anderen Personen zu bekommen; hat er ungewöhnliche sexuelle Interessen, wie Pornographie; hat er sexuell bedingte Ängste; welche Ansichten äußert er über Frauen)? Wie sieht seine Ehegeschichte aus (Gewalt, Trennung oder Scheidung, andere Sexualbeziehungen, Drogen- oder Alkoholmißbrauch, Eheprobleme oder finanzielle Probleme)? Geschichte der Freizeitaktivitäten (Vereinzelung, Einfluß von anderen, Hobbys, die Trinken etc. fokussieren)? Vorstrafenregister (Gewaltverbrechen? Wiederholt? Anpassungsprobleme im Gefängnis?)?

Wenn man einen Behandlungsplan für einen Täter erstellt: Wie ist seine gegenwärtige Lebenssituation? Wo und mit wem lebt er? Ist dies für das Opfer ein Risiko (Wenn ja, dann muß er sein Heim verlassen und anderswo wohnen)? Was tut er mit seiner freien Zeit, wenn er nicht arbeitet? Auf diese Dinge muß man achten, um zu sehen, ob es notwendig ist, einiges neu zu strukturieren. Oder, falls er eine Hochrisikoperson für einen Rückfall sein sollte, dann sollte er in einer Klinik, einer offenen oder geschlossenen Einrichtung leben, die er nur verlassen darf, wenn er zur Behandlung oder zur Arbeit geht.

Sie können sicherlich erkennen, daß eine sorgfältige Bewertung sehr bedeutsam ist. Sie liefert Ihnen ein viel klareres Bild des Mannes mit seinen Stärken und Schwächen. Sie ist auch notwendig, um ein Behandlungsprogramm, das für seine Bedürfnisse relevant ist, zu planen, wobei das Ziel die Prävention des Mißbrauchs ist.

Und wie packt man das an? Was ist der beste Behandlungsprozeß für einen Mann, der ein Kind sexuell mißbraucht hat, um das Ziel, die Prävention zu erreichen? Mitte der achtziger Jahre setzte sich David Finkelhor mit der relevanten Forschung und mit den Erfahrungen mit Behandlungsprogrammen in den USA auseinander. Daraus zog er fünf Schlüsse über die Arbeit mit

Tätern, und ich möchte meine Ausführungen über Behandlung um diese fünf Punkte herum organisieren.

Zum ersten Punkt: Es gibt viele Behandlungstechnologien und Modalitäten, um mit Tätern zu arbeiten, und viele davon haben sich als erfolgreich erwiesen. Dies hat verschiedene Implikationen. Wir wissen immer noch nicht alles über Täter. Und es gibt nicht den einen, besten Behandlungsprozeß oder die beste Behandlungsmodalität für sie. Einige der Techniken, die sich als erfolgreich erwiesen haben, schließen folgendes ein:

- Umorientierung der Masturbation (um sie von kindorientierten sexuellen Stimuli, wie z.B. Kinderpornographie, wegzubringen),
- Ausbildung von männlich-weiblichen sozialen Fertigkeiten,
- eine anti-androgene Therapie und
- verschiedene andere Modalitäten der Psychotherapie und Selbsthilfegrup pen.

Was am besten zu wirken scheint, ist eine umfassende Kombination der Techniken. Im allgemeinen beschreiben erfolgreiche Programme für Sexualtäter drei Wege:

1. Pharmakologisch, was normalerweise auf anti-androgener (männliche Sexualhormone) Medikation basiert, mit dem Ziel, die sexuelle Erregbarkeit und die Häufigkeit von abartigen Sexualphantasien zu reduzieren.

2. Psychotherapie, die sich darauf konzentriert, die Empathie des Täters für das Opfer zu erhöhen und ein Verantwortungsgefühl gegenüber seinen Sexualverbrechen zu entwickeln.

3. Kognitive Verhaltenstechniken, wo das Ziel ist:

- Vermittlung von sozialen Fertigkeiten,
- Verändern der Denkstrukturen, die mit den Sexualverbrechen in Zusammenhang stehen und
- Verändern der Muster von devianter sexueller Erregung.

Manche Experten glauben, daß man sich beim Erstellen eines Behandlungsprogramms auf die verbrechensbezogenen Bedürfnisse der Täter konzentrieren muß, die zur höchsten Risikogruppe gehören. Aus diesem Grund werden pharmakologische, psychotherapeutische und kognitiv-verhaltensmäßige Komponenten um diesen Fokus organisiert.

FINKELHORS zweiter Punkt beinhaltet, daß viele Inzesttäter mehr als Familientherapie benötigen, um die Wiederholung des Verbrechens zu verhindern. Ich und einige Kollegen fingen mit einer ambulanten Klinik bei San Francisco an, und wir arbeiteten ausschließlich mit Inzesttätern und deren Partnern sowie mit Opfern und Überlebenden. Wir waren die einzige Klinik in der Gegend mit einer Bevölkerung von 275 000 Menschen. Zu einem bestimmten Zeitpunkt stellten wir eine sehr erfahrene Psychotherapeutin als Therapiedirektorin ein, und sie sagte gleich zu Beginn, daß wir sofort Familientherapie machen müßten, weil Inzest ein Systemproblem sei. Es dauerte nicht lange bis sie lernte, was wir ihr gesagt hatten, nämlich daß Familientherapie zu Beginn eines therapeutischen Prozesses nicht nützlich sei; sie muß viel später einsetzen. Zuerst müssen wir uns auf die individuelle Therapie eines jeden Familienmitgliedes konzentrieren, Paartherapie für die Eltern, verschiedene Formen der Gruppentherapie, Paartherapie für Mutter und Tochter - und dann die Familientherapie. Die Dynamik des Kindes als Opfer wirkt noch zu Beginn nach und verhindert, daß Familientherapie zu diesem Zeitpunkt effektiv wird. Sie ist angemessen, wenn der individuelle Heilungsprozeß zu greifen begonnen hat, wenn der Täter die volle Verantwortung für seine Taten übernimmt, wenn das Kind anfängt, wieder Bande zu seiner Mutter zu knüpfen.

Die Täter müssen auch jemanden haben, der Kontrolle über ihre Aktivitäten und Mobilität ausübt. Zum Beispiel sollte es der Täter sein, der das Zuhause verläßt. Dies ist bedeutsam für die physische und emotionale Sicherheit des Kindes und letzten Endes auch für die erfolgreiche Therapie und Wiedereingliederung des Täters. Ursula Enders Buch "Zart war ich, bitter war`s" enthält einige gute Vorschläge, um mit diesem Problem fertig zu werden. Ein anderes Beispiel dafür, wie man die Aktivitäten eines Täters kontrolliert: Das Gericht sollte eine "Kein Kontakt"-Anweisung erlassen, so daß der Kontakt mit dem Opfer durch Sozialarbeiter und Therapeuten kontrolliert wird. Ein anderes Beispiel aus den USA: Einige Täter müssen bis zu einem Jahr im örtlichen Gefängnis leben; man erlaubt ihnen weiter, ihrer Arbeit und ihrer Therapie nachzugehen.

FINKELHORS dritter Punkt ist, daß es nicht wahr ist, daß eine effektive Behandlung nur dann stattfinden kann, wenn Täter "motiviert" dazu werden, sich nach Hilfe umzusehen, obgleich diese Einstellung weitverbreitet ist. Es gibt Beispiele dafür, daß Täter, die aufgrund von Androhung von Gefängnisstrafen oder Widerruf von Bewährung, an Therapieprogrammen teilnahmen und die durchaus zum Erfolg führten. Ich habe diese Erfahrung gemacht. Die meisten Therapeuten glauben, daß der Patient motiviert sein muß, Hilfe wollen muß, in Therapie gehen will. Viele, vielleicht die meisten, der Inzesttäter sind zu Beginn nicht so motiviert. Ich weiß aus meiner Erfahrung mit Tätern, daß man mit ihnen unter diesen Bedingungen arbeiten kann. Es ist schwierig, aber nicht unmöglich. Dies ist eines der ersten therapeutischen Probleme. Und wenn der Mann in einer Selbsthilfegruppe ist, zusammen mit anderen Tätern, Partnern und überlebenden Opfern, dann geht die Arbeit schneller, denn er wird durch andere Täter, die in ihrer Behandlung schon weiter sind, herausgefordert; und er wird auch durch überlebende Opfer herausgefordert, die ihn mit seiner negativen Haltung konfrontieren werden.

Die Forschung und die Erfahrung in den USA zeigen, daß ein erfolgreiches Programm nicht auf dem Thema Bestrafung beruht. Aber dennoch in der Realität heißt es, "du bist hier, weil du ein Verbrechen begangen hast, dieses Verbrechen kann nicht hingenommen werden, und wir sind hier, um dir zu helfen, dein Leben wieder so hinzukriegen, so daß du es nicht wieder tust; wir werden dich damit konfrontieren und dich durch diesen Prozeß hindurch unterstützen."

Um dies alles effektiv zu bewerkstelligen, braucht man das, was ich einen Hammer über dem Täter nenne. Er muß unter der Kontrolle und den Anweisungen des Gerichts stehen, einschließlich der Pflicht, sich therapieren zu lassen; wenn er nicht kooperiert, dann wandert er geradewegs ins Gefängnis (dort wo Sexualtäter am unteren Ende der sozialen Leiter stehen). Täter bleiben einfach nicht freiwillig in Behandlung; sie hören, ohne die Kontrolle der Gerichte, mit dem Mißbrauch nicht auf. Ich sprach mit den Verantwortlichen eines Behandlungsprogramms in Berlin. Die Behandlungsphilosophie in diesem Programm war "Freiwilligkeit", weil Täter eher kooperieren, wenn sie freiwillig kommen. Ich fragte die Leitung, wie dies funktioniere. Die Antwort war, daß es einige Probleme gäbe, da die Männer zu einigen Therapiesitzungen kommen würden, um dann wegzubleiben. Um den Prozeß in Gang zu setzen, braucht man den Hammer.

FINKELHORS vierter Punkt lautet, daß der Erfolg für beide Seiten innerhalb eines Strafrechtssystems und für die Therapeuten durch gegenseitige Kooperation gefördert wird. Als wir mit unserer Arbeit in der Klinik begannen, wurden wir von staatsanwaltlicher Seite und auch von einigen Mitgliedern des Gerichts als liberale "Gut-Tuer" kritisiert, die nur daran interessiert seien, Tätern zu helfen, nicht ins Gefängnis zu müssen. Vieles von unserer Arbeit war mehr als Therapie. Wir mußten auch dem Strafrechtssystem beibringen, worin unsere Arbeit besteht und was der Nutzen einer engen Kooperation sein könnte. Wo dies geschieht, haben die Staatsanwälte eine größere Erfolgsrate an Verurteilungen, ohne die hohen Aufwendungen für Zeit und Geld, die ein Gerichtsverfahren mit sich bringt. Denn ein Teil des Behandlungsprogramms beruht darauf, daß man die Täter überzeugt, daß es im besten Interesse der

Kinder ist, daß sie sich schuldig bekennen. So lassen sich auch die finanziellen Kosten und zusätzlichen emotionalen Schäden beim Kind vermeiden. Bei solch einer Kooperation können wir in dem Behandlungsprogramm unseren Hammer benutzen.

FINKELHORS fünfter Punkt beinhaltet, daß die Behandlung von Tätern, die Kinder mißbrauchen, hochgradige Spezialistenarbeit ist, und daß die meisten Therapeuten, einschließlich derer, die andere Tätertypen behandeln, einfach nicht die Fertigkeit besitzen, mit Inzesttätern zu arbeiten. In der Tat, dies ist eine schwierige Aufgabe. Als ich mich in meiner Therapeutenausbildung befand, wurde Inzest oder sexueller Kindesmißbrauch nicht einmal erwähnt; und dies galt für fast jedes Ausbildungsprogramm - für klinische Sozialarbeiter, Psychiater, Psychologen und Familientherapeuten - in den USA. Als ich meinen ersten Fall hatte, der auch Inzest beinhaltete, wußte ich nicht, was ich tun sollte, oder wem ich glauben konnte. Ausbildung und Kontrolle sind notwendig und müssen bereitgestellt werden. Ich glaube, daß die Regierung einbezogen werden muß, um das nötige Geld und andere Ressourcen zur Verfügung zu stellen.

Ich glaube auch, daß es wichtig ist, diese Arbeit nicht allein zu tun. Die Täter-Patienten, bei denen ich am wenigsten erfolgreich war, waren jene, mit denen ich außerhalb des Systems gearbeitet habe, wo ich keinen Kontakt mit den Therapeuten hatte, die mit der Familie arbeiteten, oder wo niemand anders aus der Familie an der Therapie teilnahm. Zur Unterstützung der Arbeit ist es deshalb sehr wichtig, einen koordinierten, umfassenden Behandlungsplans zu haben, der von allen Beteiligten akzeptiert wird. Dies hilft nicht nur gegen den "burn-out"- Effekt bei Therapeuten, sondern es fördert auch Wachstum, Unterstützung, Bildung und Reifungsprozesse. Es ist befriedigend zu sehen, wie die Leben von Patienten und ihren Familien wieder zusammenwachsen, in einer gesunden, aufstrebenden, beschützenden Art und Weise.

Ich möchte meinen Vortrag beenden, indem ich kurz über die Zusammenstellung eines erfolgreichen und umfassenden Behandlungsprogramms spreche, mit dem man Täter behandeln kann. Solch ein Programm erfordert viel: Zeit, Geld, Ausbildung, Menschen, Energie, Engagement. Ein solches Programm muß die volle Unterstützung, den vollen Enthusiasmus und das volle Engagement der ganzen Gemeinschaft haben: von Therapeuten, Schulen, Polizei, Strafrechtssystem, Gesetzgebung und der Öffentlichkeit. Eine öffentliche Strategie und öffentliche Finanzierung sind notwedig, um ein solches Programm zu beginnen. Ziel ist, daß unsere Kinder nicht mehr einem so hohen Risiko ausgesetzt sind.

Die Forschung stützt die Ansicht, daß ein umfassendes Behandlungsprogramm der öffentlichen Träger kosteneffektiv ist. In der Tat, wir können es uns gar nicht leisten, ein solches Programm nicht zu haben. Was bedeutet dies? 1971 verbrachten zwei Psychotherapeuten ihre Zeit mit zwei Müttern von sexuell mißbrauchten Kindern und mit einem Täter. Dies war der Beginn dessen, was das größte und erfolgreichste Inzestbehandlungs- und Vorbeugungsprogramm in den USA werden sollte: Parents United. Im ersten Jahr arbeiteten sie mit 30 Familien; 1986 behandelten sie über 1.000 Fälle pro Jahr. Außerdem gab es 160 ähnliche Programme in den USA. Das originäre Programm wurde an einem nationalen Ausbildungszentrum entwickelt, unterstützt durch die US-Regierung mit $ 14.000.000. Der Leiter und Gründer, Henry Giaretto, stellte fest, daß ein einziges, schlecht vorbereitetes Gerichtsverfahren das entsprechende County und die Landesregierungen über $ 60.000 pro Jahr für Gefängnis, Pflegeheim und Unterhalt kosten würde. Wenn jedes der 52 Behandlungszentren in Kalifornien auch nur einen Fall pro Jahr an "Mißmanagement" vermeiden könnte, dann würde man pro Jahr über $ 3.000.000 sparen. Und dies schließt die hohen Schädigungen für ein Kindes nicht ein, dessen Fall über Jahre hinweg nicht entdeckt oder nicht behandelt wurde.

Sind Sie sich dessen bewußt, daß es nicht genug ist, ein Programm zu erstellen. Es erfordert zusätzliche Arbeit und Ausbildung, es am Leben zu erhalten. Ein Beispiel dessen, was ich meine: In der Klinik, die ich bei San Francisco zu errichten half, berichtete der Leiter des lokalen Jugendamtes, daß in den drei Jahren seit Start des Programms die Meldungen über Sexualmißbrauch um 300 % zunahmen. Dies geschieht, wenn die Öffentlichkeit weiß, daß ein effektives Behandlungsprogramm zugänglich ist. Aber es zeigt auch, wie wichtig es ist, zu erkennen, daß dies für das Programm eine Menge Stress bedeutet. Man will mehr Leute, die auch besser augebildet sind.

Ich hoffe, viele von Ihnen, die heute abend hier sind, sind für eine solche Arbeit motiviert, obgleich es eine komplizierte und schwere Aufgabe ist. Aber unsere Kinder brauchen Sie!

Im Moment gibt es für Sie etwas Praktisches zu tun. Im deutschen Rechtssystem gibt es ein Gesetz, das es dem Gericht erlaubt, einen Zeugen, der auch ein Opfer ist, zu einem psychologischen Test heranzuziehen. Ich verstehe das so, daß dieses Gesetz meistens bei Zeugen angewendet wird, die Opfer von Sexualverbrechen wie Inzest und Vergewaltigung sind. Wenn jemand ein Opfer und ein Zeuge in einem Fall ist, wo bei ihm eingebrochen und ein Fernseher gestohlen wurde, dann würde man von diesem Opfer/Zeugen eine Begutachtung nicht verlangen. Wenn zusätzlich noch ein Vergewaltigung stattgefunden hätte, dann müßte sich das Opfer/der Zeuge einem Gutachten unterziehen.

Ich denke, daß dieses Gesetz seine Wurzeln in der psychoanalytischen Theorie hat. Ich glaube, daß Menschen nicht glauben möchten, daß sexu- eller Mißbrauch stattfindet. Aber er findet statt - und die meisten Opfer sind Mädchen und Frauen. Dieses Gesetz wurde von einer gesetzgebenden Körperschaft erlassen, deren Mitglieder meistens Männer sind und wird auch von einem Rechtssystem aufrecht erhalten, das männlich geprägt ist. Es ist nicht nur eine individuelle Situation, in der eine Person sexuell mißbraucht wird, dann zu Gericht muß und durch die Gerichtsprozedur hindurch muß. Dies ist ein Systemproblem. Vom Rechtssystem einer Gesellschaft wurde ein Verfahren erstellt, wo die Opfer von Sexualverbrechen (meistens weiblichen Geschlechts) beweisen müssen, daß sie mental kompetent und glaubwürdig sind. Das ist keine Gerechtigkeit. Dies macht das Opfer eines Sexualverbrechens wiederum zum Opfer - dieses Mal durch die Gesellschaft.

Wenn Sie einen Vorschlag von mir möchten über irgendetwas Konkretes, was Sie tun könnten: Ändern Sie dieses Gesetz!

Literatur

BURGESS, A.W./GROTH, A.N./HOMSTROM, L.L., SGROI, S.M.: Sexual assault of children and adolescents. Lexington, Mass., 1985.

ENDERS, U. (Hrsg.): Zart war ich, bitter war's. Köln, 1990.

FINKELHOR, D.: Sexually victimized children. New York, 1979.

GIARETTO, H.: Humanistic treatment of father-daughter-incest. In: HELFER, R.E./KEMPE, C.H. (Ed.): Child abuse and neglect: The family and the community. Cambridge, Mass., 1976.

Arnfried Bintig

Ambulante Psychotherapie mit Sexualstraftätern

Leicht angeordnet und schwer realisierbar ist eine ambulante Psychotherapie mit einem Sexualstraftäter. Es fehlen gesicherte Indikationen für eine solche Therapie sowie geregelte Zugangswege zur Therapie und deren solide Finanzierung; nicht zuletzt gibt es viel zu wenige geeignete Psychotherapeutinnen und Therapeuten, die sich dieser Aufgabe stellen (BINTIG/KUNERT 1992a).

Angesichts der hohen Rückfallraten bei "nur weggeschlossenen" vorbestraften Sexualstraftätern (je nach Deliktart bis zu 75 %) ist m.E. ein Handlungsbedarf unbestreitbar (AK SICHERSTELLUNG 1992).

Die z.Zt. knapper werdenden gesellschaftlichen Ressourcen tragen auch nicht dazu bei, sich verstärkt der besonders "ungeliebten" Sexualstraftäter anzunehmen, zumal ihre Delikte und die Arbeit mit ihnen emotional belasten. Dies schlägt sich nicht zuletzt auch nieder in der Heftigkeit der Diskussionen um das Für und Wider der Arbeit mit Sexualstraftätern und die als jeweils "richtig" erachtete Interventionsform (BINTIG 1993, 1994).

Hinzu kommt eine weitverbreitete Unsicherheit, wie man (und frau) sich denn überhaupt wirkungsvolle Interventionen vorzustellen hat. Ratlosigkeit und Resignation und bisweilen auch Mißtrauen sind anzutreffen, aber auch Interesse und Neugier.

Im folgenden stelle ich in sehr kurzer Form dar, wie ambulante Psychotherapien mit Sexualstraftätern gestaltet werden können. Dabei lege ich besonders großen Augenmerk darauf, allgemeine Prinzipien und idealtypische Vorstellungen mit der Realität zu konfrontieren. Beispiele aus meiner Praxis sollen möglichst anschaulich Hinweise geben auf konkrete Techniken, die sich in der Arbeit mit Sexualstraftätern bei mir bewährt haben.

Ich wähle die männliche Sprachform "Therapeut" und "Supervisor", möchte jedoch betonen, daß Kolleginnen m.E. genauso effektiv mit Sexualstraftätern arbeiten können. Die Arbeit ist nicht per se Männern vorbehalten.

Daneben bleibt auch vieles undiskutiert; z.B. kann auf andere, sehr effektive und wirkungsvolle Interventionsformen lediglich verwiesen werden, wie auf die Niederländischen Modellversuche zur "Behandlung" von Sexualstraftätern (BULLENS 1993, BINTIG 1992a).

1. Der Erstkontakt

Beim Erstkontakt wird - theoretisch - von beiden Seiten (vom Klienten wie Therapeuten) einzuschätzen versucht, in wie weit eine genügend breite Basis für den Aufbau eines künftigen Arbeitsvertrages zwischen Klienten und Therapeuten besteht. Praktisch ist jedoch von einer einseitigen Prüfung auszugehen: die Klienten "prüfen" in der Regel nicht: entweder sie kommen entgegen ihrer inneren Überzeugung zum Therapeuten (vergl. KUNERT/BINTIG 1992), oder sie sind -aus welchen Gründen auch immer- "wild" zur Aufnahme einer Therapie entschlossen. So sind sie in den meisten Fällen eher unkritisch und die "Prüfung" obliegt dem Therapeuten allein. Der muß abschätzen, ob von seiner Seite aus genügend Empathie und spezifische Professionalität vorhanden ist, ob er sich also vorstellen kann, mit dem jeweiligen Klienten zu arbeiten, als Person und als Täter, der ein bestimmtes Sexualdelikt begangen hat. Wer hier seine Grenzen überschreitet, läuft Gefahr, schnell "auszubrennen" und auf diesem Arbeitsgebiet langfristig nicht mehr arbeiten zu können.

Daneben muß der Therapeut abschätzen, ob es ihm gelingen wird, den Klienten zu motivieren, an sich und seiner Thematik zu arbeiten und dabei auch z.T. schmerzliche Prozesse in Kauf zu nehmen.

Schließlich ist auch noch abzuschätzen, ob der Klient über ausreichende intellektuelle und soziale Fähigkeiten sowie über die Bereitschaft verfügt, sich an grundlegende Absprachen zu halten.

Für mich sind grundlegend die Bereitschaft

sich für längere Zeit auf eine Therapie einzulassen,

regelmäßig und pünktlich die Termine einzuhalten,

vor jeder Sitzung keine Drogen (auch keinen Alkohol) zu sich zu nehmen und

sich ggf. der Kontrolle der Rahmenbedingungen durch eine zuständige Instanz zu unterwerfen (z.B. Bestätigung des (Nicht-)Erscheinens gegenüber der Bewährungshilfe durch den Therapeuten).

Darüber hinaus muß ein (Teil-)Geständnis vorliegen (jemand, der nichts getan hat, unterliegt einem "Justizirrtum" und ist nicht therapiebedürftig).

Nicht verlangt werden kann m.E., daß die Klienten "intrinsisch motiviert" sind, großen Leidensdruck oder Unrechtsbewußtsein zeigen. Setzt man diese Kriterien voraus, geht man an der Realität vorbei; die meisten Klienten kämen dann für eine Therapie nicht in Frage oder würden Lippenbekenntnisse abgeben (vergl. hierzu KUNERT/BINTIG 1992). Bei diesen Fragen werden verschiedene Widerstände gegen die Arbeit mit Sexualstraftätern deutlich (BINTIG 1992b).

Von meiner therapeutischen Seite aus bekommen die Klienten die Zusicherung, daß ich ihnen meine volle Aufmerksamkeit und mein professionelles Können zur Verfügung stelle und daß ich mich strickt an das Gebot der Schweigepflicht halte, was bedeutet, daß ich keinerlei inhaltliche Aussagen über die Therapiesitzungen zu machen bereit bin, auch wenn ein positives Votum im Einzelfall (bei erfolgreich verlaufender Therapie) im Interesse des Klienten wäre.

Therapie und Begutachtung schließen sich grundsätzlich aus.

Diese Regelung ist m.E. eine unabdingbare Voraussetzung dafür, ein Vertrauensverhältnis zwischen Klient und Therapeut aufzubauen. Nur wenn die Klienten sicher sein können, daß nichts von dem, was sie in der Therapie preisgeben, gegen sie oder ihre (vermeintlichen) Interessen gerichtet verwendet werden wird, sind sie bereit, aus sich heraus zu kommen und auch über heikle (ggf. kriminelle) Verhaltensweisen, Wünsche und Phantasien zu berichten. Die Begutachtung muß demzufolge von anderer kompetenter Seite erfolgen. Wird dies - etwa bei manchen intramuralen therapeutischen Bemühungen - nicht ausreichend beachtet, bleiben die Klienten "stumm", zumal sie sich sowieso schon ob ihrer Taten - zumindest unbewußt - zumeist schämen und auch befürchten, daß nach Annahme von Hilfsangeboten ein Vertrauensbruch begangen werden könnte. Ich denke da beispielsweise an einen meiner Klienten, der sich einem Beamten im Strafvollzug anvertraut hatte. Dieser war - trotz bester Absicht - entsetzt und überfordert und suchte bei einem Anstaltspsychologen Rat. Dieser wiederum war qua Amt verpflichtet, die so erhaltenen Erkenntnisse in seine nächste Stellungnahme mit einzubeziehen, der Klient fühlte sich "hereingelegt". (Zur Problematik von Schweigepflicht und Begutachtung vergl. BINTIG 1993.)

Ist der Erstkontakt positiv verlaufen, schließe ich mit dem Klienten einen Therapievertrag, der die o.a. Punkte beinhaltet.

2. Die ersten Sitzungen

Die ersten Sitzungen dienen vornehmlich dazu,

das Arbeitsbündnis zu festigen,

die Vertrauensbasis zu erweitern,

die Motivation des Klienten zu aktivieren und

den Klienten mit dem spezifischen Arbeitsstil des Therapeuten vertraut zu machen.

Das Arbeitsbündnis wird aus meiner Sicht gestärkt durch die strikte Einhaltung der Vereinbarungen von beiden Seiten. Dabei spielen pünktlicher Beginn und Ende der Sitzungen eine besondere Rolle. So dürfen wesentliche Verspätungen oder gar ein Fernbleiben (oder auch eine Alkoholfahne) nicht "übersehen" werden. Solches Verhalten muß angesprochen und angemessene Konsequenzen müssen diskutiert und ggf. vollzogen werden. Die Klienten müssen bei ihren Versuchen, die Grenzen der Vereinbarungen als verläßlich auszutesten, genauso ernst genommen werden, wie etwa bei ihren Bemühungen um Pünktlichkeit.

Die Anfragen der dazu berechtigten Instanzen bezüglich der Einhaltung der Formalitäten müssen ehrlich beantwortet werden. Sonderwünsche der Klienten nach noch so "kleinen" Übertretungen der institutionellen Bestimmungen müssen freundlich, aber eindeutig und konsequent zurückgewiesen werden; ein Eingehen hierauf würde den Therapeuten zum "Komplizen" des Klienten machen und - neben anderen juristischen Bedenken - auch die notwendige therapeutische Distanz zu sehr vermindern. Genauso konsequent müssen Anfragen von Seiten der Institutionen, die sich auf "inhaltliche" Aspekte der Therapie beziehen, zurückgewiesen werden. Der "Rahmen" der Therapie muß für den Klienten verläßlich und unverrückbar "stimmen" und Sicherheit vermitteln.

Damit wird gleichzeitig auch die Vertrauensbasis verbreitert. Erste "vertrauliche Informationen", die vom Klienten z.T. bewußt, z.T. unbewußt als "Test" preisgegeben werden, müssen vom Therapeuten wohl gehütet werden, ob sie erschreckend, lächerlich, glaubwürdig oder unglaubwürdig sind. Vor allen Dingen dürfen wir Therapeuten uns von solchen "Tests" der Rahmenbedingungen der Therapie, als auch von unserer Zuverlässigkeit und Verschwiegenheit nicht persönlich angegriffen oder beleidigt fühlen. Das fällt manchmal schwer, besonders, wenn Klienten ein Gespür für die "wunden Punkte" des Therapeuten haben (wenn sie z.B. eine ärgerliche Grundstimmung bezüglich bestimmter Institutionen, Personen oder Entscheidungen registrieren) und ihren Finger darauf legen.

Das Haupttherapieziel ist die Prävention. Es gilt zu verhindern, daß Menschen weiterhin geschädigt werden. Wenn es dem Therapeuten gelingt, den Klienten glaubhaft zu machen, daß es ihm gleichzeitig auch immer darum geht, ihnen zu helfen, nicht wieder bestraft zu werden, wenn also deutlich wird, daß die Therapie auch dem Täter selbst von unmittelbarem Nutzen ist,

ist viel gewonnen. Die Entwicklung der Motivation der Klienten zur Mitarbeit hängt m.E. in sehr starkem Maße davon ab, in wie weit er das Gefühl bekommt, daß dem Therapeuten damit ernst ist.

Viele Täter erleben ihre sexuellen Übergriffe als fremdgesteuert, als sei eine "fremde Macht" am Werk, die ihnen ihre kriminellen Impulse aufzwinge, so daß ihnen die Tat aus unerfindlichen Gründen "passiert", ohne daß sie dem viel entgegenzusetzen hätten. Entsprechend herrscht oft ein Gefühl der Unsicherheit und Hoffnungslosigkeit vor. Zu Beginn einer Therapie ist es von ungeheurer Wichtigkeit, diese Hoffnungslosigkeit zu durchbrechen, indem dem Klienten aufgezeigt wird, daß er sehr wohl in der Lage ist, sein Verhalten zu verändern und Verantwortung für sein Tun zu übernehmen.

Eine hierfür sehr geeignete Technik entstammt dem Rotterdam-Projekt, einem Niederländischen Behandlungsprogramm (BULLENS 1993; vergl. auch BINTIG 1993). Der Behandler (Therapeut) bespricht mit dem Klienten minutiös den Tag der Tat, insbesondere die 4 Stunden davor und danach. Dabei wird zumeist ein immer sehr ähnliches "Tatmuster" mit steuerbaren Anteilen deutlich. Es "passiert" einem Täter nicht, daß er z.B. 10jährige Jungen anspricht und "es" zu sexuellen Handlungen kommt, sondern er plant die Annäherung - zumindest unbewußt - genau und zumeist in immer sehr ähnlicher Weise. Ist dies so erkannt, werden auch Möglichkeiten von Verhaltensalternativen deutlich, z.B. zum Schulschluß aus dem Haus zu gehen oder 2 Stunden vorher; an einer Schule vorbei zu fahren oder einen anderen Weg zu nehmen; anzuhalten oder weiterzufahren; das Fenster herunterzukurbeln oder es geschlossen zu lassen; einen Jungen anzusprechen oder nicht, usw. Durch die Sequenzierung des Verhaltens und das Herausarbeiten einzelner prinzipiell steuerbarer Details wird dem Klienten deutlich, daß er eine Folge von handhabbaren, entscheidbaren Situationen durchlebt. Er hat dabei die Möglichkeit, sich jeweils bewußt für die "gefährlichere" oder die "gefahrlosere" Alternative zu entscheiden, eine solche Folge von "Roten Ampeln" zu überfahren oder anzuhalten und noch rechtzeitig die Richtung zu ändern.

Die meisten Klienten sind beim Aufzeigen solcher Alternativen sehr begeistert und erleichtert und durchaus bereit, (erstmalig wieder) Verantwortung für ihr Tun zu übernehmen. Sie arbeiten in der Regel aktiv daran mit, weitere Gefährdungsmomente künftiger Straffälligkeit zu entdecken und selbst-schützende Elemente und Alternativen zu entwickeln. Damit ist ein wichtiger Motivationsschritt getan; die Klienten sehen, daß die therapeutischen Bemühungen ihnen unmittelbar zu gute kommen, sie vor neuerlicher Straffälligkeit und Bestrafung schützen. Wenn dies gut gelingt, werden Klienten sich sehr viel leichter auf das Wagnis einlassen, in der Therapie weiter zu gehen und daran mitzuarbeiten, die tieferen Hintergründe ihrer sexuellen Fehlhaltungen aufzuspüren, zu verstehen und dabei zu "reifen", zu "wachsen" oder "Verhaltensalternativen einzuüben", - je nach Terminologie der fachlichen Ausrichtung des Therapeuten.

Nicht zuletzt dienen die Sitzungen in der Anfangsphase auch dazu, die Klienten an den "persönlichen Stil" und die spezifischen Arbeitstechniken des Therapeuten zu gewöhnen. Bei mir heißt das, sie mit den wesentlichen Elementen klientenzentrierter Therapie vertraut zu machen, d.h. mit Gesprächspsychotherapie (nach Rogers) unter Einbeziehung körperorientierter Übungen nach der HAKOMI-Methode (KURTZ 1985; WEISS & BENZ 1987). "Klientenzentriert" bedeutet dabei nicht, daß das Delikt über einen längeren Zeitraum unerwähnt bleiben darf. Der Tendenz vieler Klienten, der Bearbeitung der für sie zumeist äußerst peinlichen Straftaten aus dem Weg zu gehen, muß freundlich, aber entschieden entgegengewirkt werden.

3. Die Hauptphase der Psychotherapie

Ist die Anfangsphase gut verlaufen, stellen sich in der Hauptphase der Therapie zwei Aufgaben, die m.E. recht pragmatisch dazu zwingen, "zweigleisig" weiter zu arbeiten. Auf der einen Seite ist es notwendig, die Mechanismen der Selbstkontrolle des Klienten weiter zu stärken, auf der anderen Seite ist es wünschenswert, die Hintergründe der kriminellen Handlungen, ihre Psychodynamik zu analysieren, neu zu durchleben, um hieran nachzureifen. (Ich lasse die Terminologie anderer, ebenso erfolgreicher psychotherapeutischer Ansätze außer Acht.)

Die Selbstkontrolle zu stärken, ist ein wichtiger Teil der Arbeit: die Klienten müssen weiterhin sensibilisiert werden für Situationen, in denen sie andere Menschen (und in der Folge auch sich selbst) schädigen könnten. Verhaltensalternativen müssen aufgezeigt werden, was manchmal recht schwierig erscheint. Z.B. muß ein pädosexueller Mann eine Lösung dafür finden, daß er seiner Lust, mit 10jährigen Jungen sexuelle Handlungen zu begehen, nicht mehr nachkommen darf. Das bedeutet lebenslange Kontrolle äußerst lustvoller und u.U. als einzig wirklich befriedigend erlebter sexueller Verhaltensweisen. Dazu müssen auch begleitende Umstände (z.B. Alkoholkonsum) kontrolliert und Lebenslegenden ("alles liegt an meiner verkorksten Kindheit") zerstört werden. Gegebenenfalls müssen auch gängige Entlastungsargumente ("das schadet den Jungen ja nicht"; "das tut ihnen sogar gut"; "sie tun das gern, haben Spaß und sind sogar die treibende Kraft") entlarvt und korrigiert werden.

Häufig ist es auch sehr nützlich und wichtig, "Trauerarbeit" zu begleiten, zu helfen, die Trauer zuzulassen und zu bearbeiten, daß dergleichen sexuell wie emotional beglückende Kontakte nicht mehr geknüpft werden dürfen. Hier geht die "Behandlung", das Kontrolltraining in psychotherapeutische Arbeit im engeren Sinne über. Wenn auch bei manchen Klienten diese Schwelle nicht überschritten werden kann, ist doch auch bis dahin schon viel gewonnen gegenüber Tätern, die dieses Kontrolltraining (zu dessen Anleitung nicht unbedingt eine vollständige psychotherapeutische Zusatzausbildung vonnöten ist, vgl. BINTIG 1993) nicht absolvieren konnten.

Die psychodynamischen Hintergründe von sexuellen Straftaten aufzudecken, erfordert solides theoretisches Wissen über die psychosexuelle (Fehl-) Entwicklung des Menschen, sowie eingehende Kenntnisse der eigenen sexuellen Wünsche und Bedürfnisse jedes Therapeuten, einschließlich der durch Eigentherapie und Selbsterfahrung kennengelernten "dunklen Seiten". Dieses Wissen muß durch geeignete Fortbildungen, Eigentherapie und Supervision erworben werden (vergl. z.B. BINTIG & KUNERT 1992b). Darüber hinaus unterscheidet sich die psychotherapeutische Arbeit im engeren Sinne nicht von der Arbeit mit anderen Klienten. Allerdings ist regelmäßige Supervision unabdingbar, die mit Supervisoren bzw. Kollegen abgehalten werden sollte, die nur geringe Ängste bezüglich unterschiedlicher Themen abweichenden Sexualverhaltens haben (vgl. auch LOHSE 1993).

4. Die Abschlußphase der Therapie

Aus meiner Sicht ist ein befriedigendes Ende der Therapie dann erreicht, wenn die Klienten fähig zu sein scheinen, ihre Sexualität im Sinne eines normkonformen Verhaltens zu kontrollieren, besonders, wenn die Hintergründe ihres sexuell abweichenden Verhaltens ausreichend bearbeitet werden konnten und diese Ansicht auch vom Klienten geteilt wird. Danach sollte eine entsprechende Mitteilung an die zuständige Instanz erfolgen, die ihrerseits diesen Sachverhalt durch eine geeignete Person ihres Vertrauens (Gutachterin oder Gutachter) prüfen läßt und zum selben Ergebnis kommt.

Ideal ist darüber hinaus eine Vereinbarung mit den Klienten, sich in emotional oder tatspezifisch schwierigen Situationen wieder an "seinen" Therapeuten oder eine andere geeignete Institution oder Person zu wenden. Sehr gut angenommen werden auch Vorschläge, den Therapeuten in immer längeren, zeitlich genau definierten Abständen zumindest telefonisch zu kontaktieren.

Das tatsächliche Ende einer Therapie ist dagegen gelegentlich von "äußeren", z.T. formalen Kriterien bestimmt, die mit dem Verlauf der Therapie nicht unbedingt übereinstimmen. Typische Beispiele hierfür sind: Umzug, insbesondere nach einer Haftentlassung; Verlegung; Ende des Finanzierungsrahmens; entsprechende institutionelle Begutachtung. Alles dieses ist aus der Sicht des Therapeuten zwar bedauerlich, aber zumeist kann der Schaden begrenzt werden; die Kunst besteht dabei u.a. darin, in Kooperation mit den beteiligten Instanzen Alternativen zu suchen, ohne das Gebot der Schweigepflicht zu gefährden.

5. Schlußbemerkung

Mit all diesen Bedingungen muß man als Psychotherapeut, der mit Sexualstraftätern arbeitet, leben. Tröstlich bleibt das Bewußtsein, seine präventive Arbeit unter restriktiven Bedingungen so gut wie möglich getan zu haben.

Gegenüber den "unbehandelten", "einfach nur weggeschlossenen" Sexualstraftätern sind, so glaube ich, die Chancen derjenigen, die sich einer behandlerischen oder psychotherapeutischen Intervention unterziehen, um ein Vielfaches größer, nicht mehr straffällig zu werden, damit keine weiteren Menschen mehr zu schädigen und auch selber frei von künftiger Bestrafung zu bleiben.

Literatur

AK SICHERSTELLUNG: Thesen zur Sicherstellung von ambulanter Psychotherapie für inhaftierte Sexualstraftäter. Bielefeld, 1992.

BINTIG, A.: Intervention bei Sexualstraftätern. - Zwei Modellversuche in den Niederlanden. (erscheint 1994 in der Zeitschrift "System und Familie".), Bielefeld, 1992a.

BINTIG, A.: Widerstände gegen die Arbeit mit Sexualstraftätern. In: Evers, T./Exler, W. (Hrsg.): Psychosoziale Betreuung von Sexualstraftätern. Hofgeismar. (Hofgeismarer Protokolle 297): 6 - 20, 1992b.

BINTIG, A./KUNERT, D: Leicht angeordnet und schwer realisierbar: Ambulante Psychotherapie mit Sexualstraftätern. In: DBH:, Deutsche Bewährungshilfe (Hrsg.): Umgang mit Sexualstraftätern. Bonn (Materialien 10): 70-73., 1992a.

BINTIG, A./KUNERT, D.: Berufsbegleitende Fortbildung zum Thema: "Sexuell abweichendes Verhalten" - Ein Modell in der Erprobung. In: DBH, Deutsche Bewährungshilfe (Hrsg.): Umgang mit Sexualstraftätern. Bonn (Materialien 10): 101-104, 1992b.

BINTIG, A.: Möglichkeiten und Grenzen einer Behandlung von Sexualstraftätern im Maßregelvollzug. Vortrag und Arbeitsgruppe auf der 8. Eickelborner Fachtagung für Fragen der forensischen Psychiatrie 3. - 5.3.1993. (Erscheint in der gleichnamigen Schriftenreihe). Bielefeld, 1993.

BINTIG, A.: Interventionsstrategien bei Sexualstraftaten. Bielefeld (unveröff. Manuskript), 1994.

BULLENS, R.A.R.: Zur Behandlung von Sexualstraftätern In: Ministerium für die Gleichstellung von Frau und Mann (Hrsg.): Gewalt gegen Frauen - Was tun mit den Tätern? Düsseldorf. (Dokumente und Berichte 24): 61-76, 1993.

KUNERT, D./BINTIG, A.: Ist Therapie mit "freiwilligen" Klienten erfolgreicher als mit "delegierten" Klienten? Zum Problem der Freiwilligkeit und der Auflagen von Therapie mit Sexualstaftätern. In: DBH, Deutsche Bewährungshilfe (Hrsg.): Umgang mit Sexualstraftätern. Bonn (Materialien 10): 74-80, 1992.

KURTZ, R.: Körperzentrierte Psychotherapie: Die Hakomi-Methode. Synthesis-Verlag, Essen, 1985.

LOHSE, H.: Zur ambulanten Psychotherapie von Sexualstraftätern. Z. Sexualforsch. 6: 279-288, 1993.

WEISS, H./BENZ, D.: Auf den Körper hören: Hakomi-Psychotherapie: Eine praktische Einführung. Kösel, München, 1987.

Margit Gegenfurtner, Bernhard Bartsch

Sexueller Mißbrauch von Mädchen und Jungen im Vorschulalter

Fortbildung von Erzieherinnen und Erziehern an der Universität - Gesamthochschule Essen

Wir wissen heute, daß der sexuelle Mißbrauch von Kindern und Jugendlichen kein Ausnahmedelikt ist. Mädchen und Jungen aller sozialer Schichten, deutsche und ausländische, nicht behinderte wie behinderte Kinder können Opfer von sexuellem Mißbrauch sein oder werden.

Nach neueren Erkenntnissen beginnt ein hoher Prozentsatz aller Mißbrauchsfälle im Vorschulalter. FÜRNISS geht sogar von 50 % aus (vgl. FÜRNISS 1993, LANDSBERG 1992, JOHNS 1990).

Aus diesem Grund kommt der Fortbildung für Erzieherinnen, die in Kindertageseinrichtungen arbeiten, eine zentrale Bedeutung zu. Die Kindertageseinrichtung ist ein wichtiger Sozialisationsort und die Erzieherin, der Erzieher eine wichtige Kontakt- und Bezugsperson für Mädchen und Jungen. Erzieher/innen sollten grundlegend informiert sein über die Komplexität des Mißbrauchsgeschehens, über ihre spezifischen Aufgaben im Hilfe- bzw. im Aufdeckungsprozeß und über Möglichkeiten und Grenzen der Prävention.

Im folgenden möchten wir die Konzeption eines zweitägigen Grundlagenseminars für Erzieher/innen vorstellen, das von uns 1993 an der Universität - Gesamthochschule Essen entwickelt und erprobt wurde.

Richtziele der Fortbildung

- Vermittlung von Sachwissen

- Erweiterung der Handlungskompetenz

- Reflexion persönlicher Erfahrungen

Inhalte der Fortbildung

- Daten, Fakten, Hintergründe

- Die psychische und soziale Situation von Mädchen und Jungen
- Dynamik des sexuellen Mißbrauchs
- Signale und Symptome betroffener Kinder
- Informationen über Täter/innen
- Interventionsmöglichkeiten
- Die Rolle der Erzieherin im Aufdeckungsprozeß
- Möglichkeiten und Grenzen von Präventionsmaßnahmen, die sich an Kinder richten
- Zur Notwendigkeit von Elterninformationsabenden

Methoden

Vorstellungsrunde

Klären von: Wer ist die Leiterin, wer der Leiter? Was sind die Inhalte? Wie wird die Veranstaltung ablaufen? Welche Berufskollegen/innen sind da? Wo arbeiten sie? Welche Vorerfahrungen und Erwartungen haben die Teilnehmer/innen?

Kurzreferat

Darstellung von übersichtlich strukturierten Basisinformationen, Erörterung der Komplexität der Thematik, Bündelung von Kleingruppenergebnissen und Vorbereitung nachfolgender Arbeitsschritte, Verknüpfung von Arbeitsergebnissen mit wissenschaftlichen und fachdidaktischen Erkenntnissen.

Brainstorming

Möglichkeit, um Einfälle zu einem Thema, einem Problem, einer Fragestellung zu artikulieren und der Vielfalt von Lösungsmöglichkeiten Raum zu geben.

Kleingruppenarbeit

Aktive Beteiligung an der Erarbeitung eines Inhalts, problembezogenes Einbringen von eigenen Fragen, Erfahrungen und Sachkompetenzen, Kennenlernen von Problemen und Kenntnissen anderer Teilnehmer/innen, Möglichkeit zur selbständigen Informationserarbeitung und Entwicklung von Problemlösungen.

Plenumsgespräch

Möglichkeit, Arbeitsergebnisse anderer kennenzulernen, Möglichkeit, den Zusammenhang des eigenen Arbeitsergebnisses mit den Ergebnissen anderer Kleingruppen wahrzunehmen, Kennenlernen anderer Meinungen, Ermöglichung eines Klärungsprozesses.

Fallgeschichte, symbolisch dargestellt mit Spielfiguren

Wirkung: Widerstände aufheben oder abschwächen, Identifizierung mit dem Thema und gefühlsmäßiges Einlassen herbeiführen.

Übung zur biographischen Selbstreflexion

Aufspüren von Verhaltens-, Gefühls- und Denkweisen zur Problematik.

Abschlußgespräch

Möglichkeit für sach- und personenbezogene Kritik.

Medien

Film	→	Sensibilisierung, Visualisierung von Sachverhalten
Flipchart	→	Dokumentation der Arbeitsergebnisse "Lernlandschaft"
Overheadprojektor	→	Visualisierung von Informationen, Sammeln von Ideen und Gedanken
Bilderbücher	→	Zum Bereich: Prävention, Aufdeckungsarbeit, Traumaarbeit/Therapie, Sexualaufklärung und -erziehung
Beurteilungsbögen	→	Als Hilfsmittel zur Analyse von Bilderbüchern
Kinderzeichnungen	→	Als Hilfsmittel im Aufdeckungsprozeß
Biegepuppen	→	Zur symbolischen Darstellung der Fallgeschichte
Handpuppen	→	Einsatzmöglichkeit in der Aufdeckungs- und Präventionsarbeit

Zum Moderatorenteam

Die Fortbildungsveranstaltung wird von zwei Personen, einer Frau und einem Mann, durchgeführt. Diese Konstellation hat sich in der Praxis bewährt. Die Gründe hierfür sind vor allem:

1. Unter den Teilnehmer/innen gibt es mitunter betroffene Personen, die unter einem Problemdruck stehen oder während des Veranstaltungsverlaufs in eine Krise geraten. Diejenige Leitungsperson, die in bestimmten Phasen des Seminars nicht referiert oder moderiert, hat die Aufgabe, Teilnehmer/innen zu beobachten und auf nonverbale Äußerungen (Krisenzeichen) zu achten. Teilnehmer/innen, die der Fortbildung nicht mehr beiwohnen können oder wollen, werden von der Moderatorin/dem Moderator begleitet und - wenn gewünscht - durch ein Krisengespräch stabilisiert.

2. Sexueller Mißbrauch hat immer auch etwas mit Sexualität zu tun. Sexualität ist immer noch für viele Menschen ein rein privater, tabuisierter, mit vielen Ängsten und Sprachlosigkeit besetzter Bereich. Das Moderatorenteam hat hier Vorbildfunktion. Durch das Schaffen einer akzeptierenden Atmosphäre, durch das Thematisieren von Sprachschwierigkeiten beim Thema "Sexualität" sowie durch sachbezogene Aufklärung wird von der Moderatorin und dem Moderator das vorgelebt, das eigentlich selbstverständlich für das (elterliche) Erziehungsklima und -verhalten sein soll.

Bei der vorliegenden Fortbildungskonzeption handelt es sich um ein offenes Konzept, das nach den persönlichen Bedürfnissen der Teilnehmer/innen variiert werden kann. Ausgeschlossen hiervon werden bei diesem Grundseminar ausführliche Einzelfall-besprechungen und Supervision. Die Fortbildung besteht aus drei Phasen: Eingangsphase, Hauptphase und Endphase.

Eingangsphase

In der Eingangsphase geht es vor allem darum, daß sich die Teilnehmer/innen kennenlernen und ein Klima der Offenheit und des Vertrauens entsteht. Erwartungen, Wünsche, Befürchtungen sollen artikuliert und Interessen und Probleme ermittelt werden. Das Leitungsteam stellt die didaktisch-methodische Struktur der Fortbildung vor und ändert diese nach den Bedürfnissen der Teilnehmer/innen ab. Gegebenenfalls müssen zusammen mit den Teilnehmer/innen Prioritäten festgelegt werden.

Hauptphase

1. Kurzreferat [1]- Daten und Fakten zum Mißbrauchsgeschehen -

1.1 Opfer und Täterinnen

Opfer von sexuellem Mißbrauch sind Mädchen und Jungen. Aufgrund fehlender repräsentativer (deutschsprachiger) Forschungsergebnisse kann das genaue Ausmaß nicht differenziert angegeben werden. Die Dunkelfelduntersuchung von Bange zeigt auf, daß ca. jedes 4. Mädchen und jeder 12. Junge sexuell mißbraucht wird (BANGE 1992, S. 86, weist darauf hin, daß eher noch von einem größeren Ausmaß auszugehen ist). Die Mißhandler/innen stammen aus allen sozialen Schichten und den unterschiedlichsten Berufsgruppen. Täter sind Jugendliche oder Erwachsene. Der größte Anteil mißhandelter Erwachsener sind Männer, bisher konnte nur ein geringer Anteil von Frauen als Mißhandlerinnen ausgemacht werden (vgl. TEEGEN 1992, BANGE 1992). Die Täter/innen stammen überwiegend aus dem sozialen Nahbereich (Babysitter, Nachbarn, Pädagogen/innen usw.) und aus der Familie (Väter, Stief- und Pflegeväter, Großväter, Brüder, Onkel, Cousins, mitunter auch Mütter). In der Mehrzahl aller Fälle ist der Täter/die Täterin den Kindern bekannt und vertraut. Im Vergleich zu Mädchen werden Jungen allerdings etwas häufiger von Fremden sexuell mißbraucht. In der Regel ist der sexueller Mißbrauch (im familialen Nahbereich) meist eine Wiederholungstat und findet über Wochen, Monate oder sogar Jahre statt. Es kommt ebenso nicht selten vor, daß Kinder durch mehrere Täter (sogar auch durch Tätergruppen) mißbraucht werden (vgl. TEEGEN 1992).

---

[1] gekürzte und abgeänderte Fassung

1.2 Formen sexueller Mißhandlung

- Der Erwachsene vergewaltigt das Kind (genital, oral, anal).
- Der Erwachsene übt Oberschenkelverkehr aus.
- Der Erwachsene dringt mit Fingern oder Gegenständen in den After oder in die Scheide des Kindes ein.
- Das Kind muß den Erwachsenen anal penetrieren.
- Das Kind muß den Erwachsenen oral befriedigen.
- Der Erwachsene masturbiert bei Anwesenheit des Kindes.
- Der Erwachsene berührt/manipuliert die Intimbereiche des Kindes. Er faßt beispielsweise die Brust, Scheide oder den Penis des Kindes an.
- Der Erwachsene reibt seinen Penis am Körper des Kindes.
- Das Kind muß vor dem Erwachsenen seine Genitalien zeigen oder vor dem Erwachsenen masturbieren.
- Das Kind muß die Genitalien des Erwachsenen anfassen/manipulieren.
- Der Erwachsene zeigt sich nackt vor dem Kind und nötigt es, seine Genitalien zu betrachten.
- Der Erwachsene beobachtet - offen oder versteckt - das Kind beim An- und Ausziehen, Baden, Duschen, Waschen auf der Toilette.
- Der Erwachsene nötigt das Kind zu Zungenküssen.
- Das Kind wird altersunangemessen über sexuelle Vorgänge aufgeklärt.
- Kinder müssen sich Pornos oder Gewaltvideos anschauen.
- Kinder müssen bei der Herstellung von Pornofilmen mitwirken.

1.3 Mißbrauchsinteraktion und Mißbrauchsdynamik

Der sexuelle Mißbrauch wird bewußt herbeigeführt und zielgerichtet vorbereitet. Oft beginnt er mit scheinbar zufälligen Berührungen beim An- oder Auskleiden, beim Baden, beim Gute-Nacht-Sagen, bei der Krankenpflege, bei der Hilfestellung an Spiel- und Sportgeräten. Weitere Taktiken, um das Mißbrauchsgeschehen zu verschleiern, sind beispielsweise Phantasie-, Zauber- und Doktorspiele: "Ich habe einen Wichtel, den kannst Du groß und stark machen ... Wir haben beide einen Zauberstab, mit meinem kannst Du Kleber zaubern ..."

Kinder brauchen für die Entwicklung eines gesunden Selbst die Liebe und Zuwendung von Erwachsenen. Sie brauchen zärtliche Berührungen, Verständnis, Achtung und Bestätigung. Sie haben Angst vor Liebesverlust und deshalb ist ihre Anpassungsbereitschaft groß. Für den Erwachsenen ist es somit leicht, Kinder zu manipulieren und sie zu Vertrauten, Tröstern, Stützen etc. zu benutzen - sprich zu mißbrauchen: "Du bist das Liebste, was ich habe, komm ... Deine kleinen Hände können meine großen Bauchschmerzen wegstreicheln ... Ich bin alt, einsam und traurig, aber Du kannst mich glücklich machen ...!"

Für den Mißbrauch oft kennzeichnend ist die Ritualisierung. Das Mißbrauchsgeschehen ist in eine Anfangs- und Endsituation eingebettet, die das Kind aus seinem Alltag kennt. Dazwischen findet der sexuelle Übergriff statt, häufig im dunklen oder halbdunklen, ohne sprachliche Kommunikation und unter Vermeidung von Blickkontakt.

Der liebevolle Erwachsene	"Geh schon mal in Dein Zimmer, ich komme gleich nach und helfe Dir beim Aufräumen." Die Vorhänge schließen sich.
↓	
Der Mißbraucher	Der Mißbrauch findet statt. Wir haben jetzt ein Geheimnis. "Wenn Du etwas verrätst, wird Deine Mutter sehr krank,
↓	und Du kommst ins Kindergefängnis." Die Vorhänge öffnen sich.
Der liebevolle Erwachsene	"Wenn Du aufgeräumt hast, koche ich uns einen Kakao, und wir sehen uns zusammen den Tierfilm an."

Die Folgen von sexuellem Mißbrauch sind um so gravierender, je früher er beginnt, je länger er andauert und je näher das Verwandtschaftsverhältnis ist. Sexueller Mißbrauch ist ein Syndrom von Geheimhaltung (vgl. FÜRNISS 1993). Die aufgezwungene Geheimhaltung verursacht beim Kind eine Sprachlosigkeit. Die Angst vor den Folgen einer Aufdeckung machen es dem Kind unmöglich, sich anderen verbal mitzuteilen. Des weiteren herrschen in vielen betroffenen Familien rigide Sexualnormen, wo das Sprechen über Sexualität ein Tabu ist, so daß dem betroffenen Kind die Worte fehlen, um das auszudrücken, was ihm widerfahren ist.

Sexuell mißbrauchte Kinder verlieren das Vertrauen zu anderen Menschen. Auch zu Menschen, die für andere Kinder üblicherweise Vertrauenspersonen sind, wie z.B. Erzieher/innen, Eltern, Paten, Freunde/innen. Sexuell mißbrauchte Mädchen und Jungen haben gelernt, Vertrauen bedeutet, mißbraucht zu werden. Sie haben kein Vertrauen mehr in sich selbst, da sie glauben, die

Verantwortung für den Mißbrauch zu tragen. Betroffene Kinder haben Scham- und Schuldgefühle. Sie schämen sich für das, was passiert, für ihre Familie, für den Täter und vor allem auch, daß sie nicht Neinsagen können. Die Schuldgefühle verstärken sich, wenn Kinder selbst sexuelle Handlungen beim Mißbraucher vornehmen mußten. Da die Mißbraucher die Realität verdrehen, zweifeln letztendlich betroffene Kinder an ihrer eigenen Wahrnehmung. Zum Beispiel erklären Mißbraucher: "Was machst Du mit mir", "Du findest es doch auch schön", "das ist ein ganz normales Spiel, das spielen alle Erwachsenen mit Kindern". Durch solche Sätze werden Kinder verwirrt, sie wissen nicht mehr, was richtig oder falsch ist, ob sie ihren Sinnen trauen dürfen, und sie denken, daß all das, was passiert, nur eingebildet ist und sehen sich letztendlich selbst mit den Augen des Mißbrauchers und übernehmen seine Sicht. Wenn er sagt: "Du hast es selbst so gewollt, dann wird es wohl so stimmen" (vgl. ENDERS 1990).

Macht, Gewalt, Abhängigkeit, Vertrauensbruch, emotionale Verstrickungen, Konfrontation mit Erwachsenensexualität, Verleugnung sind die zentralen Punkte des Mißbrauchsgeschehens. Die Signale und Symptome, die die Kinder zeigen, um auf ihre Notlage aufmerksam zu machen, werden häufig von der Umwelt nicht wahrgenommen oder ignoriert. Die Folgen von sexuellem Mißbrauch sind physische, psychische und soziale Auffälligkeiten.

Sexueller Mißbrauch als Prozeß

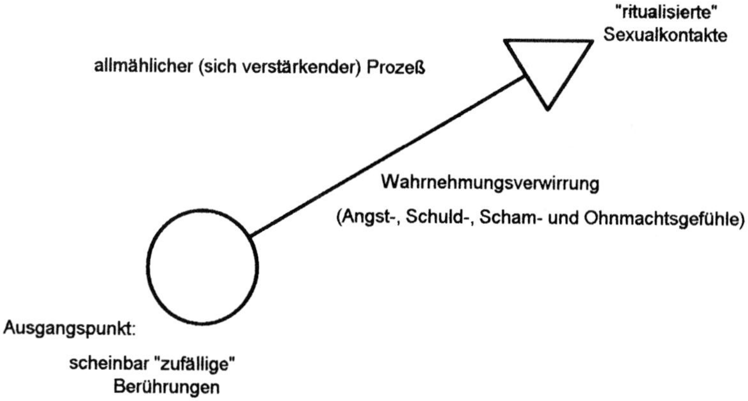

2. Fallgeschichte

Die Komplexität des Mißbrauchgeschehens wird anhand einer konstruierten Fallgeschichte auf symbolischer Ebene dargestellt. Eingesetzt werden hierzu Biegepuppen.

Die Geschichte

Stefanie Sommer ist 4 1/2 Jahre alt und lebt mit ihrer Mutter in einer kleinen Dachgeschoßwohnung in Essen. Stefanies Eltern sind seit drei Monaten geschieden. Der Vater lebt in einem anderen Stadtteil von Essen. Stefanie darf an jedem zweiten Wochenende ihren Vater besuchen. Diese Regelung wurde vom Familiengericht so festgelegt. Stefanies Mutter, Frau Sommer, ist Buchhändlerin und hat eine halbe Stelle in der Universitätsbuchhandlung. Stefanie hat vor einem halben Jahr einen Platz in einer Kindertagesstätte bekommen. Immer, wenn Frau Sommer Spätdienst im Buchladen hat, wird Stefanie von Frau oder Herrn Klein von der Kindertagesstätte abgeholt und solange betreut, bis Frau Sommer vom Dienst nach Hause kommt. Frau Klein und Herr Klein wohnen in demselben Häuserblock wie Stefanie und Frau Sommer. Uwe Klein ist Frührentner, Karin Klein ist gelernte Krankenschwester und hilft an zwei Nachmittagen pro Woche in einem Seniorenheim aus. Sowohl Stefanie, als auch Frau Sommer sagen Onkel Uwe und Tante Karin zu Herrn und Frau Klein. Die Eltern von Frau Sommer, also Stefanies Großeltern, sind seit 35 Jahren mit Familie Klein befreundet. Frau Sommer kennt also Familie Klein seit ihrer Kindheit.

Stefanie geht von Anfang an gerne in die Kindertagesstätte. Sie ist ein aufgewecktes, fröhliches Mädchen und bei den anderen Kindern und den Erzieherinnen sehr beliebt. Stefanie nimmt gern aktiv an den Spielen anderer Kinder teil. Sie liebt bewegungsintensive Interaktionsspiele und hat vor allem Freude daran, Tierrollen zu spielen. Stefanies Erzieherin fällt von Anfang an auf, daß die Sozialkompetenz des kleinen Mädchens sehr weit entwickelt ist. Stefanie sucht aktiv Kontakt zu anderen Kindern und zu den Erzieherinnen, sie führt gerne kleine Aufträge aus, ist hilfsbereit und bei Regelspielen wartet sie stets geduldig, bis sie dran ist.

Nach den Sommerferien bemerkt Stefanies Erzieherin, daß sich Stefanie verändert hat. Sie zieht sich zurück, spielt nur noch selten mit anderen Kindern und sucht auch kaum noch den Kontakt und das Gespräch zu ihrer Erzieherin. Der Erzieherin fällt auf, daß Stefanie manchmal völlig passiv in der Bilderbuchecke sitzt und mit leerem Blick vor sich hinstarrt, aber auf Ansprache der Erzieherin bereit ist, an gemeinsamen Beschäftigungen wieder teilzunehmen. Die Erzieherin nimmt an, daß Stefanie Schwierigkeiten hat und führt ihr Verhalten auf die Scheidung und die neue Familien- und Wohnsituation zurück.

Aber daß Stefanie auch beim Nachspielen der "Bremer Stadtmusikanten" nun nicht mehr mitmachen will, verwundert sie doch. Früher hatte Stefanie sich gerne verkleidet und wollte am liebsten die Katze sein. Jetzt erklärt sie, sich nicht wohlzufühlen, Bauchschmerzen zu haben und möchte nur noch zuschauen. Eines Tages, als Stefanie wieder mal allein in der Bilderbuchecke sitzt, passiert es, daß Stefanie in die Hose macht. Erschrocken und verschämt flüchtet Stefanie in den Toilettenraum. Die Erzieherin folgt ihr, um sie zu trösten und um ihr beim Umkleiden zu helfen. Beim Wäschewechseln entdeckt die Erzieherin, daß Stefanie zwei blaue Flecken oberhalb des Pos hat. Sie fragt, was passiert ist, und Stefanie antwortet: "Da habe ich mir beim Spielen weh getan, beim Rutschen."

In der Mittagspause erzählt die Erzieherin einer Kollegin von den Verhaltensveränderungen, die sie bei Stefanie festgestellt hat. Sie erzählt auch von den beiden blauen Flecken, die sie bei Stefanie entdeckt hat und die sie im Grunde genommen nicht auf einen Rutschbahnunfall zurückführen kann. Es entsteht zwischen den beiden Erzieherinnen eine intensive Diskussion über körperliche Kindesmißhandlung und sexuellem Mißbrauch.

Teambesprechung im Kindergarten

Mit Stefanie stimmt irgendetwas nicht - dessen sind sich die Erzieherinnen sicher. Stefanies Erzieherin spricht ihren vagen Verdacht aus, indem sie eine Frage halb in den Raum stellt: "Und was tun wir, wenn Stefanie sexuell ...?" Die Kolleginnen sind sich darüber einig, daß sie das Problem nicht alleine bewältigen können. Fachkompetente Unterstützung ist jetzt besonders wichtig. In der Kinderschutzambulanz erfährt Stefanies Erzieherin, was alles getan werden muß, damit aus einem vagen Verdacht ein gut begründeter Verdacht (aber auch eine unbegründete Vermutung) werden kann.

Folgendes wird vereinbart:

- Die Erzieherin schenkt Stefanie in der nächsten Zeit größere Aufmerksamkeit. Sie sucht bewußt das Gespräch mit Stefanie, um ihr zu zeigen "mir kannst Du vertrauen, ich stehe Dir zur Seite", "ich fühle Deine Not", "ich bin für Dich da".

- Die Erzieherin notiert täglich besondere Verhaltensweisen, verbale und nonverbale Äußerungen, Tätigkeiten usw., die ihr bei Stefanie auffallen, in einem Tagebuch. Auch der Kontext ist festzuhalten: Wo war wann was und warum aufgefallen?

- Die Erzieherin bearbeitet in der Kindergruppe mit Hilfe von didaktischen Materialien folgende Themen: "Meine Wohnung, meine Familie und ich", "schöne und blöde Gefühle", "Geheimnisse", "manchmal ,wenn ich Angst habe ...".

Des weiteren wird mit Stefanies Erzieherin verabredet, daß der vage Verdacht nicht den Familienangehörigen und anderen Bezugspersonen mitgeteilt werden darf. Erst wenn sich der Verdacht erhärtet hat, sind weitere Interventionsschritte zu planen. In den nächsten Wochen erhalten Stefanies Erzieherin und ihre Kolleginnen fachkompetente Unterstützung und Hilfe durch eine Mitarbeiterin der Kinderschutzambulanz. Neben der gezielten Interventionsplanung wird reflektiert, welche Gefühle die Konfrontation mit sexuellem Mißbrauch bei den Erzieherinnen hervorruft. Hilflosigkeit, Angst, Wut, Ekel, Zweifel, Schutzimpulse, aber auch Erinnerungen und Berührungen mit der eigenen Kindheitsgeschichte und mit der eigenen Sexualität erzeugen spezifische Übertragungs- und Gegenübertragungsreaktionen, die die Erzieherinnen bearbeiten müssen, um adäquate Hilfe leisten zu können. Die Durchführung einer gezielten Intervention bedeutet für die Erzieherinnen zu ertragen, daß u.U. Stefanie weiterhin sexuell mißbraucht wird. Aber u.U. erträgt Stefanie den sexuellen Mißbrauch schon lange. Überstürztes Handeln hilft Stefanie ohnehin nicht, sondern bringt zahlreiche Risiken mit sich. Ahnt der Mißbraucher beispielsweise etwas, könnte er den Geheimhaltungsdruck verstärken, die Familienmitglieder könnten in die Verleugnung gehen, Stefanie könnte vom Kindergarten abgemeldet werden und würde letztlich dann ihre Erzieherin als Vertrauensperson verlieren.

Die Fallgeschichte endet damit, daß der sexuelle Mißbrauch aufgedeckt wird. Es stellt sich heraus, daß Uwe Klein der Täter ist. Das Aufdeckungsgespräch wurde von der Mitarbeiterin der Kinderschutzambulanz durchgeführt. Sowohl Stefanie als auch ihre Mutter erhalten therapeutische Hilfe. Stefanies Vater lehnt professionellen Beistand ab.

Die Fallgeschichte wird an bestimmten Stellen unterbrochen, um

- in Kleingruppen angesprochene Probleme zu bearbeiten;
- durch Selbsterfahrungsübungen zu verdeutlichen, daß bei Konfrontation mit sexuellem Kindesmißbrauch wir immer mit unserer eigenen Kindheitsgeschichte und unserer eigenen Sexualität in Kontakt kommen;
- einen Film vorzuführen, der mögliche Signale und Symptome von betroffenen Vorschulkindern zeigt;
- im Plenumsgespräch Wissen auszutauschen und Fragen zu beantworten.

Das Vortragen der Fallgeschichte, die Kleingruppenarbeit, die Selbsterfahrungsübungen und das Plenumsgespräch finden im Wechsel statt. Im folgenden beschreiben wir nicht den chronologischen Ablauf der Fortbildungsveranstaltung, sondern geben einen Gesamtüberblick über die einzusetzenden Medien und Methoden.

Thema in der Kindergruppe: Schöne und blöde Gefühle.
Erzieherin an das Kind: "Erzähle uns mit den Handpuppen, was Du gestern erlebt hast. War es etwas Schönes, Trauriges, Lustiges usw. Mache den Handpuppen ein entsprechendes Gefühlsgesicht."

Thema in der Kindergruppe: Meine Wohnung, meine Familie und ich. Die Erzieherin an das Kind: "Zeige uns mit den Handpuppen was, wo und mit wem Du gestern gespielt hast. Wie war das für Dich? Mache den Handpuppen ein entsprechendes Gefühlsgesicht."

Erzieherin an die Kinder: "Was brauchen wir, um eine Frau, einen Mann, ein Mädchen oder einen Jungen zu basteln?"

3. Film: "Seelenmord"- Abschied vom Mythos der Familie

3.1 Signale und Folgen

Der Film wurde von dem Verein Schattenriß e.V., Bremen (1990), konzipiert. Im Hauptteil des Films, der in einer Kindertagesstätte gedreht wurde, werden typische Signale gezeigt, die auf sexuellen Mißbrauch hinweisen können. (Ein Nachteil des Films ist, daß der sexuelle Mißbrauch von Jungen nicht thematisiert wird.)

Auswertung des Films - Plenumsgespräch

Die im Film gezeigten Signale werden aufgegriffen, systematisch geordnet und im erforderlichen Umfang - mit praktischen Beispielen aus dem Kindergartenalltag - ergänzt.

Sexueller Mißbrauch führt nicht immer zu körperlichen Verletzungen. Es gibt jedoch einige wichtige Anzeichen, die mit großer Wahrscheinlichkeit durch den Sexualmißbrauch verursacht sind. Weitere wichtige Hinweise sind psychiatrische Auffälligkeiten, psychosomatische Beschwerden und psychosoziale Störungen. Folgende Grobstruktur läßt sich skizzieren:

Körperliche Indikatoren

- Verletzungen, Entzündungen und Rötungen im Genital- und Analbereich
- Geschlechtskrankheiten, AIDS
- Bißspuren auf Brust und Unterleib
- Parallele blaue Flecken auf Hüften und/oder oberhalb des Pos
- Hautveränderungen an der Innenseite der Oberschenkel

Psychiatrische Indikatoren

- Selbstverletzungen und -verstümmelungen
- Selbstmordversuche und -gedanken
- Depressionen
- Neurosen

Psychosomatische Indikatoren

- Schlafstörungen
- Eßstörungen
- Wiederauftreten von Bettnässen
- Kopf-, Hals-, Bauch-, Unterleibsschmerzen

Psychosoziale Indikatoren

- Sexualisiertes Verhalten und sexualisiertes Spiel
- Konzentrations- und Leistungsstörungen
- Aggressivität
- Geringes Selbstwertgefühl
- Rückzug, Isolation, Verschlossenheit
- Extreme Anklammerungswünsche
- Phobien, unerklärliche Ängste
- Zwanghaftes Verhalten (z.B. Waschzwang)
- Vermeidung öffentlicher Umkleidesituationen
- Weglaufen

(vgl. BANGE 1992, ENDERS 1990)

Sexueller Mißbrauch ist ein Trauma, das sich bei Kindern in unterschiedlichsten Signalen und Symptomen ausdrücken kann, z.B. je nach Persönlichkeit, Geschlecht, Entwicklungsstand, Form, Dauer und Häufigkeit des Mißbrauchs sowie der Beziehungsintensität zum Täter. Signale und Symptome sind stumme Hilferufe, mit denen die Kinder auf sich aufmerksam machen möchten. Symptome können auch Formen des Widerstandes ("wenn ich krank, dick, unattraktiv usw. bin, werde ich in Ruhe gelassen") und Bewältigungsstrategien sein, die es den Kindern ermöglichen, den Mißbrauch auszuhalten (z.B. Flucht in die Phantasiewelt: "ich bin eine verwunschene Prinzessin und wohne in einem Dornenschloß ..."). Besonders wichtig ist es, die Symptomlisten, die ja in fast jeder Aufklärungsschrift und Broschüre zur Thematik enthalten sind, zu problematisieren.

Es gibt keine lineare Kausalität zwischen dem Trauma "sexueller Mißbrauch" und bestimmten Folgen. Wenn ein Kind sich auffällig oder plötzlich anders als gewohnt verhält, sollte sexueller Mißbrauch als eine mögliche Ursache von vielen anderen denkbaren (z.B. familiäre Belastungsfaktoren, Wohnungswechsel, Scheidung, Umzug, Familienzuwachs, Tod usw.) in die Überlegungen der Erzieher/innen mit einbezogen werden.

3.2. Wann liegt sexueller Mißbrauch vor? Wie können wir sexuellen Mißbrauch definieren?

Wir sammeln Definitionskriterien:

- Kinder sind existentiell von Erwachsenen abhängig.
- Kinder brauchen Liebe und Zuneigung von Erwachsenen.
- Kinder sind Erwachsenen körperlich, psychisch und kognitiv unterlegen.
- Kinder wissen nichts oder sehr wenig über Erwachsenensexualität.
- Erwachsene sind für Kinder Autoritätspersonen.

Definition:

Sexueller Mißbrauch von Kindern ist jede sexuelle Handlung, die an oder vor einem Kind vorgenommen wird. Sexueller Mißbrauch liegt auch dann vor, wenn ein Erwachsener oder Jugendlicher sexuelle Handlungen an sich von einem Kind vornehmen läßt. Kinder können aufgrund ihres kognitiven und psychischen Entwicklungsstandes dem sexuellen Mißbrauch nicht wissentlich zustimmen. Der Täter (die Täterin) nutzt seine (ihre) Macht- und Autoritätsposition aus, um seine (ihre) sexuellen Bedürfnisse zu befriedigen (vgl. ENDERS 1990, BANGE 1992).

4. Kleingruppenarbeit

4.1. Arbeitsauftrag: Besprechen Sie in Ihrer Gruppe den Unterschied zwischen sexuellem Mißbrauch und körperlicher Mißhandlung.

Auswertung: Arbeitsfolie

Körperliche Mißhandlung in der Familie	Sexueller Mißbrauch
Sowohl Väter als auch Mütter mißhandeln.	Der derzeitige Erkenntnisstand ist: Sexueller Mißbrauch wird überwiegend von Männern begangen.
Körperliche Mißhandlung erfolgt meist im Affekt, aus einer Überforderungs-situation heraus.	Sexueller Mißbrauch wird bewußt und zielgerichtet geplant.
Körperliche Mißhandlungen sind lautstark - Anschreien und Beschimpfungen durch Eltern - Kinder weinen und schreien.	Sexuelle Übergriffe geschehen häufig lautlos
Der soziale Nahbereich (Nachbarn, Erzieher/innen, Lehrer/innen usw.) weiß von der Mißhandlung	Sexueller Mißbrauch ist ein Syndrom von Geheimhaltung und Abhängigkeit. (FÜRNISS)
Körperliche Mißhandlung hinterläßt körperliche Spuren (Verletzungen, blaue Flecken, Striemen usw.). Die Mißhandlung wird aufgrund der Verletzungen identifizierbar.	Sexueller Mißbrauch hinterläßt selten eindeutige körperliche Spuren. Sexueller Mißbrauch ist oft schwer medizinisch nachweisbar.

Körperliche Mißhandlung in der Familie	Sexueller Mißbrauch
Mädchen und Jungen sprechen untereinander über Schläge, Prügel usw.	Mädchen und Jungen haben oft kein Vokabular, um den Mißbrauch benennen zu können; hinzu kommt das Redeverbot.
Mißhandelnde Eltern haben häufig ein Unrechtsbewußtsein und bitten beispielsweise Ärzte, Beratungsstellen um Hilfe.	Sexuelle Mißbraucher haben kein Schuldbewußtsein; sie gehen in die Verleugnung.
Gewisse körperliche Strafen durch Eltern sind erlaubt.	Sexueller Mißbrauch von Kindern ist verboten.
Äußere Spuren und Verletzungen und die Reaktion der Umwelt darauf helfen dem Kind, den eigenen Sinnen zu trauen; geben dem Kind Gewißheit, daß es wirklich geschlagen wurde.	Die Mißbrauchsdynamik erzeugt beim Kind Zweifel an der eigenen Wahrnehmung, Verwirrung über Phantasie und Realität.

(vgl. ENDERS 1990, STEINHAGE 1989)

4.2. Arbeitsauftrag: Stellen Sie sich vor, Stefanie wäre ein Kind aus Ihrer Kindergruppe. Welche Gefühle könnten bei Ihnen ausgelöst werden, wenn Sie mit dem Verdacht auf sexuellen Mißbrauch konfrontiert würden?

- Gefühle, die Ihre eigene Person betreffen.

- Gefühle, die Sie für das Kind entwickeln.

Auswertung - Plenumsgespräch

Die persönliche Beschäftigung mit sexuellem Mißbrauch löst starke Betroffenheit, Ratlosigkeit, Angst, Wut, Zweifel, Phantasien, Schutz- und Abgrenzungsbedürfnisse aus. Häufig geraten die Helfer/innen in eine persönliche Krise, die dazu führen kann, daß ungeplant und voreilig gehandelt (z.B. Anruf bei der Polizei, Eröffnungsgespräch mit der Mutter) oder in die Verleugnung gegangen wird (z.B. "das kann doch nicht wahr sein", "das Kind phantasiert" usw.). Um eine geplante und gezielte Intervention durchführen zu können, müssen die Helfer/innen ihre Krise bewältigen, indem sie ihre eigenen Gefühle wahr- und ernstnehmen und ihre spezifischen Übertragungs- und Gegenübertragungsreaktionen reflektieren.

Arbeitsfolie

Übertragung

Vorgang, bei dem unbewußte Einstellungen, Gefühle, Wünsche, Phantasien, die in der Kindheit wichtigen Bezugspersonen galten, auf andere Menschen übertragen werden, so daß alte Beziehungsmuster reproduziert werden.

Beispiel: Ich sehe nicht die Alltagsrealität meiner Gesprächspartnerin, sondern erlebe sie wie meine Mutter, wie meine verhaßte Lehrerin usw. Übertragungsreaktion - Beipiel: Stefanies Erzieherin lehnt Stefanies Mutter ab, weil diese in ihren Augen so kühl mit Stefanie umgeht. Stefanies Erzieherin leidet an einer unbewältigten Mutterproblematik und überträgt diese auf Frau Sommer.

Gegenübertragung

Gegenübertragungen sind gefühlsmäßige, verhaltensmäßige und körperliche Reaktionen auf das, was mein Gegenüber mir entgegenbringt. Zum Beipiel: Ich erlebe mich unbewußt in der Situation des hilflosen, traurigen Kindes oder der ohnmächtigen Mutter. Ich spüre Gefühle der Trauer, der Verlorenheit, der Resignation, der Mut- und Hoffnungslosigkeit. Gegenübertragungsreaktion - Beispiel: Stefanies Erzieherin ist ratlos und handlungsunfähig.

Wenn wir Kindern helfen wollen, sie begleiten und schützen wollen, dann sind Selbstreflexion, kollegiale und professionelle Supervision unabdingbar.

Fazit:

Bevor sich die Erzieherin oder der Erzieher dafür entscheidet, den Aufdekkungsprozeß mit durchzuführen, soll sie (er) sich mit folgenden Fragen auseinandersetzen:

- Wieviel Sach- und Handlungskompetenz habe ich, um bei dieser Arbeit mitzuwirken?
- Habe ich die persönliche Stärke und Kraft, das Kind zu begleiten?
- Wieviel Angst bereitet mir die Aufgabe?
- Wieviel weiß ich über Kränkungen und Verletzungen, die mir während meiner Kindheit zugefügt wurden?
- Wie ist meine sexuelle Entwicklung verlaufen?
- Werde ich Unterstützung erhalten von Kollegen/innen, durch professionelle Beratung, Supervision?
- Mit welchen Institutionen werde ich zusammenarbeiten können, z.B. Beratungsstelle, Kinderschutzambulanz, Jugendamt, Kinderarzt usw.?
- In welcher Institution arbeiten die Experten/innen, die das Aufdeckungsgespräch durchführen können?

4.3. Arbeitsauftrag: Betrachten Sie bitte die beiden Kinderzeichnungen.

Was haben die Kinder dargestellt? Fällt Ihnen etwas besonderes auf? Welche Gefühle löst das Bild in Ihnen aus?

Mädchen (4.10 Jahre)
aus: LAMERS-WINKELMAN 1992

Mädchen (4.5 Jahre)

Auswertung - Plenumsgespräch

Kinder malen, was sie interessiert, fasziniert, emotional beschäftigt, bedrückt. Sexuell mißbrauchte Kinder unterliegen einem Redeverbot. Die Kinder nehmen das wörtlich. Deshalb ist das Malen für betroffene Kinder ein Ausdrucksmittel, um sich mitzuteilen, um auf ihre Not aufmerksam zu machen. Im Aufdeckungsprozeß geht es zunächst einmal um Vertrauensbildung. Über das Medium "Kinderzeichnung" können wir einen Zugang zum Kind finden und ihm signalisieren, ich bin Sehende, Hörende und Verstehende. Es geht im Aufdeckungsprozeß darum, Fakten zu sammeln. "Eine auffällige Kinderzeichnung" ist niemals ein Beweis, aber eine Aufforderung, weiter nachzuforschen. Deutungen und Bildinterpretationen können zu falschen Schlüssen führen. Deshalb ist es wichtig, mit dem Kind ins Gespräch zu kommen, es behutsam zu fragen, welche Bedeutung das Gemalte hat.

In den Kinderzeichnungen von sexuell mißbrauchten Mädchen und Jungen kommen häufig sexuelle Inhalte vor, z. B. Geschlechtsteile (oft überdimensional groß), Geschlechtsverkehr oder Phallussymbole. Aufschlußreich können auch Selbstporträts sein. Manchmal fehlen Arme und Füße, weil betroffene Kinder nicht handeln und weglaufen können. Manchmal fehlt der Mund, weil sie nicht sprechen dürfen. Ein Selbstbildnis ohne Körper oder der Bauch als Eisklotz oder Loch dargestellt, zeigt, wie zerstört sie sich fühlen. Oft streichen Mädchen und Jungen das Gemalte durch, verfremden oder übermalen es, damit das Geheimnis gewahrt bleiben kann. Innerfamilial mißbrauchte Kinder plazieren sich in Familienbildern häufig so, als würden sie sich nicht dazugehörig fühlen. Verschiedentlich wird der bedrohliche Erwachsene nicht als Mensch, sondern als Monster, Gespenst oder Ungeheuer gezeichnet. Sexuell mißbrauchte Kinder können in eine frühere Entwicklungsphase zurückfallen, was sich dann auch in ihren Zeichnungen widerspiegelt. Was vor dem Mißbrauch noch gegenständlich und detailliert gezeichnet werden konnte, wird aufgrund der Wahrnehmungsverwirrung, die der sexuelle Mißbrauch mit sich bringt, nur noch undeutlich oder als Kritzelei aufs Papier gebracht.

Die genannten Auffälligkeiten können einen Hinweis auf sexuellen Mißbrauch sein, aber auch andere Ursachen sind mitzubedenken. Deshalb benötigen wir eine Reihe von Kinderzeichnungen, um herausfinden zu können, was das Kind beschäftigt oder bedrückt.

4.4. Arbeitsauftrag: Bitte besprechen Sie in der Gruppe ein Bilderbuch Ihrer Wahl (s. Literaturliste). Analysieren Sie bitte das Bilderbuch mit Hilfe des Beurteilungsbogens.

Beurteilungsbogen

Titel des Mediums:____

Einsatzmöglichkeiten:
0 zur Sexualaufklärung
0 zur Aufdeckungsarbeit
0 zur Prävention
0 zur Traumaarbeit/Therapie

Bilder:
0 phantastisch 0 realistisch

Ästhetische Aufmachung:
0 gut 0 weniger gut 0 schlecht

Sprache:
0 klar (eindeutig) 0 kindgemäß 0 sachlich richtig

(Sonstiges) ____

Thematisiert wurde:
0 Körper/Sexualität (z.B. Geschlechtsteile, Zeugung, Geburt, sexuelles Verhalten, sexuelle Gefühle) - bitte unterstreichen sie -
0 Darstellung über sexuellen Mißbrauch
0 Gefühle (z.B. schöne und unangenehme, Schuldgefühle)
0 Berührungen (z.B. gute und unangenehme)
0 Geheimnisse (z.B. gute und schlechte)
0 Nein sagen
0 Hilfe holen
0 Überwindung von Ängsten
0 Emotionale Stärkung

1. Untersuchen Sie, inwieweit die im Bilderbuch dargestellten Inhalte mit der Realität der Kinder (z.B. Erfahrungsbereich in Familie und Kindergarten) übereinstimmen. Notieren Sie hierzu Stichpunkte.
2. Welche Hilfen müssen den Kindern zum Verständnis des Bilderbuches noch gegeben werden?
3. Was sollte Ihrer Meinung nach eine Erzieher/in bedenken, bevor dieses Bilderbuch in der Kindergruppe eingesetzt wird?

Auswertung - Plenumsgespräch

Bilderbücher sind ein wichtiges Medium innerhalb der primären , sekundären und tertiären Prävention.[2] Setzt eine Erzieherin Bilderbücher in der Kindergruppe ein, sollte sie sich vorher über Wirkungen und mögliche Nebeneffekte Klarheit verschaffen:

- Kann der Einsatz des Bilderbuches zu einer Spontanaufdeckung führen?
- Habe ich möglicherweise in meiner Kindergruppe ein betroffenes Kind, das durch die Botschaft des Bilderbuches in einen Konflikt geraten und sich verstärkt schuldig fühlen könnte? Zum Beispiel: "Weil ich nicht Neinsagen kann, so wie das Kind im Bilderbuch, habe ich Schuld".
- Sind die thematisierten Inhalte konform oder konträr zu elterlichen Erziehungszielen, -praktiken und Sexualnormen.

5. Biographische Selbstreflexion

5.1. Kindheitserfahrungen im Interviewspiel[3]

Ziel:

Annäherung an Kindheitserfahrungen und -verletzungen.

Durchführung:

Karteikarten mit folgenden Fragen anfertigen:

- Wie wurde in Ihrer Familie mit Liebe, Zuneigung, Anerkennung umgegangen?
- Wie wurde in Ihrer Familie mit Aggression und Gewalt umgegangen?
- Erinnern Sie sich an Grenzverletzungen in Ihrer Kindheit?
- Stellen Sie sich vor, Ihre Herkunftsfamilie sei ein Haus. Wie sieht es aus?
- Wo, denken Sie, hätten Sie als Kind Hilfe benötigt?
- Welche Rechte hatten Sie als Kind?
- Was hat Sie als Kind am meisten wütend gemacht? Ist das heute noch so?
- Was hat Sie als Kind am meisten traurig gemacht? Ist das heute noch so?
- Erzählen Sie uns eine Situation, in der Sie als Kind gelogen haben.

---

[2] Zur Begriffsbestimmung vgl. GAENSLEN-JORDAN u.a. in diesem Buch
[3] nach GUDJONS u.a. 1986

- Welche Bedeutung hatte Weinen in Ihrer Kindheit, und wie sind Sie damit umgegangen?

- Was war Ihr Lieblingsspielzeug?

- Welche Bedeutung hatten Bücher für Sie früher?

- Wer war Ihre wichtigste Bezugsperson?

- Wie war Ihre beste Freundin / Ihr bester Freund?

- Sind Sie in den Kindergarten gegangen? Welche Bedeutung hatte Ihre Erzieherin für Sie?

- Wie sollten Sie als Kind nach Vorstellung Ihrer Eltern sein? Inwieweit waren Sie es?

- Wovor hatten Sie als Kind die größte Angst?

- Erzählen Sie uns eine Situation, in der Sie sich als Kind einsam und allein gelassen gefühlt haben.

- Welche "inneren" und "äußeren" Helden (sog. Nothelfer) hatten Sie zur Verfügung, die Ihnen in problematischen Situationen beigestanden haben (z.B. Figuren aus Comics, Filmen, Büchern usw.)?

- Was war Ihr größter Kinderwunsch?

Die Fragekarten werden verdeckt im Stapel hingelegt. Jeder/jede Teilnehmer/in nimmt reihum eine Karte und beantwortet die Frage. Falls jemand eine Frage nicht beantworten möchte, kann er/sie eine neue Karte nehmen.

Auswertung:

Gruppengespräch anhand folgender Fragestellungen:

- Wie habe ich mich gefühlt?

- Gab es Fragen, die mir besonders unangenehm waren?

- Haben sich für mich Themen ergeben, denen ich intensiver nachgehen möchte?

- Habe ich für mich etwas klären können?

- Habe ich Parallelen gezogen zu meinen eigenen Kindern oder zu den Kindern, die ich beruflich betreue?

5.2. Meine sexuelle Entwicklung[4]

Ziel:

Gebote, Verbote, Vorbilder, Einflüsse und (Sprach)-Barrieren, die in unserer sexuellen Entwicklung eine Rolle gespielt haben, erkennen und ihrer heutigen Bedeutung nachgehen.

Durchführung:

Die Teilnehmer/innen werden gebeten, auf einem großen Bogen Papier ihre sexuelle Entwicklung vom 6. bis zum 10. Lebensjahr darzustellen. Sie fertigen dazu kleine Skizzen mit Symbolen, Gegenständen und Farben an, um Tabus, Befehle, Verbote, Normen, Beispiele, Phantasien, Begriffe, Sexualbegriffe, Kenntnisse und Unkenntnisse zu visualisieren.

Auswertung:

In einem Gruppengespräch werden Gemeinsamkeiten und bedeutende Unterschiede in der sexuellen Entwicklung der Teilnehmer/innen herausgearbeitet.

- Welches waren die bedeutsamsten Verbote/Gebote?
- Habe ich mich daran gehalten?
- Was wurde tabuisiert?
- Was hat mich unsicher gemacht?
- Was wirkt sich heute noch auf meine Sexualität aus?
- Was macht mir heute Probleme, was hat das mit meinen früheren Erfahrungen zu tun?

6. Elternarbeit

Die Kindertageseinrichtung hat einen familienergänzenden Erziehungsauftrag. Deshalb ist Elternmitarbeit und Elternbildung ein wesentlicher Bestandteil der Elementarpädagogik. Um Kinder schützen zu können, um Kindern helfen zu können, müssen Eltern zum Problem des sexuellen Mißbrauchs grundlegend informiert werden. Eltern müssen über Daten, Fakten und Realitäten Bescheid wissen. Wenn Eltern jedoch im alltäglichen Umgang mit ihren Kindern präventiv erziehen wollen, ist die kritische Auseinandersetzung mit Erziehungsgrundhaltungen, Sexualnormen, Ängsten und Unsicherheiten

---

4 nach GUDJONS u.a. 1986

unabdingbar (vgl. Gaenslen-Jordan u.a. in diesem Band). Das heißt, Elterninformationsveranstaltungen müssen so vorbereitet und durchgeführt werden, daß eine Verknüpfung von sachlicher Information und emotionalem Erleben und Verhalten zur Problematik stattfinden kann.

Vor diesem Hintergrund erarbeiten wir mit den Teilnehmer/innen eine Verlaufsstruktur eines Elterninformationsabends, die offen angelegt ist, so daß Variationen möglich sind. Neben der Vermittlung von Basiswissen geht es auf Elterninformationsveranstaltungen darum, mit den Eltern über vorbeugende Maßnahmen ins Gespräch zu kommen. Vorsorge gegen sexuellen Mißbrauch von Mädchen und Jungen ist nur möglich, wenn offen über Liebe und Sexualität geredet und kindgemäß über Körperfunktionen, Geschlechtsorgane, sexuelle Gefühle und Vorgänge aufgeklärt wird. Hierzu ist es wichtig, daß Kinder in einem sexualfreundlichen Familien- und Erziehungsklima aufwachsen, in dem sie als eigenständiges Sexualwesen ernstgenommen werden und ihre sexuellen Fähigkeiten entwickeln können. Eltern und Erzieher/innen müssen deshalb ihre eigenen Einstellungen und Haltungen zur Sexualität reflektieren und sich über ihre Funktion als Vorbild Klarheit verschaffen, wenn sie Mädchen und Jungen zu aufgeklärten und selbstbewußten Menschen erziehen wollen.

Aufgeklärte und selbstbewußte Mädchen und Jungen können nicht so leicht zu Opfern gemacht werden!

Darüber hinaus werden mit den Eltern sechs weitere zentrale Themen zur Vorbeugung und zum Schutz von Kindern vor sexuellem Mißbrauch besprochen:

1. Mein Körper gehört mir.

2. Ich kann mich auf meine Gefühle verlassen.

3. Es gibt gute, schlechte und merkwürdige Berührungen.

4. Ich darf "nein" sagen.

5. Es gibt gute und schlechte Geheimnisse.

6. Ich darf Hilfe holen und über den Mißbrauch sprechen, auch wenn es mir ausdrücklich verboten wurde (Fey 1991, Frei 1993, Bange 1993).

Zu den o.g. Themen werden Spiele, Übungen und Materialien vorgestellt und über Mängel sowie unerwünschte Nebeneffekte diskutiert (vgl. hierzu Gaenslen-Jordan u.a. in diesem Band).

Endphase

In der Endphase haben die Teilnehmer/innen die Möglichkeit, Feedback zu geben. Die Teilnehmer/innen können sich zu folgenden Fragen äußern:

- Wie habe ich das Fortbildungsseminar erlebt?
- Was habe ich hier gelernt?
- Welche Konsequenzen will ich daraus für meinen beruflichen und privaten Alltag ziehen?
- Wie fühle ich mich jetzt?
- Welches Thema ist zu kurz gekommen?
- Was wünsche ich mir für die nächste Fortbildungsveranstaltung?

Literatur

BANGE, D.: Die dunkle Seite der Kindheit. Köln 1992.

BANGE, D.: Nein zu sexuellen Übergriffen - Ja zur selbst bestimmten Sexualität. In: Kölner Institut für Jugendhilfe c/o Zartbitter e.V. (Hrsg.): Nein ist nein, neue Ansätze in der Präventionsarbeit, Köln 1993.

BRAUN, G.: Ich sag nein. Mülheim 1989.

BÜSCHER, U./GEGENFURTNER, M./KEUKENS, W./HEID, H.: Sexueller Mißbrauch von Kindern und Jugendlichen, Beiträge zu Ursachen und Prävention. Essen 1991.

EICHHOLZ, R. (Hrsg.): Die Rechte des Kindes - Das Übereinkommen der Vereinten Nationen über die Rechte des Kindes. Recklinghausen 1991.

ENDERS, U. (Hrsg.): Zart war ich, bitter war's. Sexueller Mißbrauch an Mädchen und Jungen. Köln 1990.

FEGERT, J. M.: Beweisnot, ärztliche Diagnosemöglichkeiten und die Gefahr einer Verschiebung der Problematik. In: Gegenfurtner, M./Keukens, W. (Hrsg.): Sexueller Mißbrauch von Kindern und Jugendlichen, Diagnostik, Krisenintervention, Therapie. Essen 1992.

FEGERT, J. M./MEBES, M. (Hrsg.): Anatomische Puppen, Hilfsmittel für Diagnostik, Begutachtung und Therapie bei sexuellem Mißbrauch. Rohnmark 1993.

FEY, E.: Möglichkeiten und Grenzen von Prävention. In: Büscher, U./ Gegenfurtner, M. u.a. (Hrsg.): Sexueller Mißbrauch von Kindern und Jugendlichen, Beiträge zu Ursachen und Prävention. Essen 1991.

FREI, K.: Sexueller Mißbrauch, Schutz durch Aufklärung. Ravensburg 1993.

FÜRNISS, T./PHIL, M.: Diagnostik und Folgen sexueller Kindesmißhandlung. In: Monatszeitschrift für Kinderheilkunde, 134, S. 335-340, 1986.

FÜRNISS, T./PHIL, M.: Therapeutische Intervention bei sexueller Kindesmißhandlung. In: Monatszeitschrift für Kinderheilkunde, 134, S. 340-344, 1986.

FÜRNISS, T.: Arbeit mit Familien/Verleugnungsarbeit. In: RAMIN, G. (Hrsg.): Inzest und sexueller Mißbrauch, Beratung und Therapie. Ein Handbuch. Paderborn 1993.

FÜRNISS, T.: Über Gewalt gegen und sexuellem Mißbrauch von Kindern. In: Caritas in NRW 2/1993.

GUDJONS, H./PIEPER, M./WAGENER, B.: Auf meinen Spuren, das Entdecken der eigenen Lebensgeschichte. Hamburg 1986.

JOHNS, I.: Zeit alleine heilt nicht. Freiburg 1993.

KAISER, H.: So sag ich's meinem Kinde, Zärtlichkeit und Schmusen, Liebe und Sexualität. Reinbek 1990.

KENTLER, H.: Eltern lernen Sexualerziehung. Reinbek 1992.

KLIPPERT, H./HERRMANN, B. u.a.: Ganzheitliche Lehrerfortbildung. Stuttgart, Bonn 1983.

KNOLL, J.: Kurs- und Seminarmethoden: Ein Trainingsbuch zur Gestaltung von Kursen und Seminaren, Arbeits- und Gesprächskreise. Weinheim, Basel 1991.

LAMERS-WINKELMAN, F.: Psychomotorische Merkmale sexuell mißbrauchter Kinder und Möglichkeiten der Kindertherapie. In: GEGENFURTNER, M./KEUKENS, W. (Hrsg.): Sexueller Mißbrauch von Kindern und Jugendlichen, Diagnostik, Krisenintervention, Therapie. Essen 1992.

LANDSBERG, W.: Ratlose Helfer - Erst ist der Verdacht und was nun? Helferreaktion und erste Interventionen bei Gewalt an Kindern. In: GEGENFURTNER, M./KEUKENS, W. (Hrsg.): Sexueller Mißbrauch von Kindern und Jugendlichen, Diagnostik, Krisenintervention, Therapie. Essen 1992.

LAPPE, K./SCHAFFRIN, I./KIMMERMANN, E. u.a.: Prävention von sexuellem Mißbrauch. Rohnmark 1993.

PETZOLD, H. (Hrsg.): Puppen und Puppenspiel in der Psychotherapie, mit Kindern, mit Erwachsenen und alten Menschen. München 1983.

STEINHAGE, R.: Sexuelle Gewalt - Kinderzeichnung als Signal. Hamburg 1992.

STEINHAGE, R.: Sexueller Mißbrauch an Mädchen. Ein Handbuch für Beratung und Therapie. Hamburg 1989.

TEEGEN, F.: Sexueller Mißbrauch von Jungen und Mädchen - Psychodynamik und Bewältigungsstrategien. In: Gegenfurtner, M./Keukens, W. (Hrsg.): Sexueller Mißbrauch von Kindern und Jugendlichen, Diagnostik, Krisenintervention, Therapie. Essen 1992.

Literaturliste: Bilderbücher

ALIKI: Gefühle sind wie Farben. Weinheim, Basel 1987.

ASENSIO, A.: Die Traumbäckerin. Erlangen 1988.

BELLOWS, C.: Die Grisly-Schwestern. Berlin 1992.

BOLJAHN, U./DEINERT, S./KRIEG, T.: Das Familienalbum. Oldenburg 1993.

BRAUN, G.: Das große und das kleine Nein. Mülheim 1991.

COLE, B.: Prinz Pfifferling. Reinbek 1988.

COLE, B.: Prinzessin Pfiffigunde. Reinbek 1988.

ENDERS, U.: Schön blöd. Köln 1991.

FAGERSTRÖM, G./HANSSON, G.: Peter, Ida und Minimum. Ravensburg 1977.

HEBERT, M.-F./LABROSSE, D.: Auf die Welt kommen. Oldenburg 1989.

HERRATH, F./SIELERT, U.: Lisa und Jan. Ein Aufklärungsbuch für Kinder und ihre Eltern. Weinheim, Basel 1991.

KEHOE, P.: Wenn ich darüber reden könnte ... Eine Geschichte um sexuellen Mißbrauch. Berlin 1991.

LUNDGRIN, M./GUSTAVSSON, U.: Das kleine Drachenmädchen. Berlin 1992.

MAYER, M.: Da liegt ein Krokodil unter meinem Bett. Hamburg 1988.

MEBES, M./SANDROCK, L.: Kein Anfassen auf Kommando. Berlin 1991.

Pro-Familia Darmstadt (Hrsg.): Mein Körper gehört mir. Darmstadt 1990.

TOST, G.: Wen, Do und der Dieb. Berlin 1992.

Materialien

Film: Seelenmord, Untertitel Abschied vom Mythos Familie
Bestell-Adresse: Heidrun Mössner, Quintschlag 85, 28207 Bremen

Dorly: Die vielgesichtige veränderbare anatomische Handpuppe
Bestell-Adresse: Westarp Wissenschaften, Uhlichstr. 6, 39108 Magdeburg

Angaben zu den Autorinnen und Autoren

BERNHARD BARTSCH
Diplom-Sozialpädagoge, Diplompädagoge an der Universität - Gesamthochschule Essen, Fachbereich Erziehungswissenschaften

Arbeitsschwerpunkte: Lehre und Forschung zum Thema "Gewalt gegen Kinder", Fort- und Weiterbildung für spezifische Berufsgruppen zum Thema "Sexueller Mißbrauch"

PD Dr. ARNFRIED BINTIG
Diplompsychologe, Psychotherapeut
Privatdozent an der Universität Bielefeld
Berater und Psychotherapeut bei Pro Familia und in freier Praxis

Arbeitsschwerpunkte: Einzel-, Paar- und Gruppenpsychotherapie, insbesondere Partner- und Sexualtherapie, Männergruppen, Therapie mit Sexualstraftätern, Fortbildung und Supervision für psychosoziale Berufe zur "Arbeit mit Sexualstraftätern".

Dr. REINALD EICHHOLZ
Jurist, Kinderbeauftragter der Landesregierung beim Minister für Arbeit, Gesundheit und Soziales Nordrhein-Westfalen

Arbeitsschwerpunkte: Politik für Kinder

URSULA ENDERS
Diplompädagogin
Zartbitter e.V. Kontakt- und Informationsstelle gegen sexuellen Mißbrauch an Mädchen und Jungen, Köln

Arbeitsschwerpunkte: Fortbildung, Supervision, Beratung betroffener Mädchen und Frauen, Diagnostik und Fallbegleitung

CHRISTINE GAENSLEN-JORDAN
Diplompsychologin
Institution: Abteilung für Sexualforschung der psychiatrischen und Nervenklinik der Universität Hamburg

Arbeitsschwerpunkte: Forschung, Fortbildung und Beratung zu den Themen Jugendsexualität und sexueller Mißbrauch von Kindern und Jugendlichen

Margit Gegenfurtner
Sozialpädagogin (grad), Diplompädagogin an der Universität - Gesamthochschule Essen, Fachbereich Erziehungswissenschaften

Arbeitsschwerpunkte: Lehre und Forschung zum Thema "Gewalt gegen Kinder", Fort- und Weiterbildung für spezifische Berufsgruppen zum Thema "Sexueller Mißbrauch von Kindern und Jugendlichen", Fort- und Weiterbildung zum Thema "Strukturelle Gewalt gegen Kinder" mit dem Schwerpunkt "Gebaute und verkehrstechnische Umwelt und Verhalten"

R. Tom Layne
Gestalttherapeut, Clinical Worker, Gestalt Education Network International, Institut für Gestalt-Bildung e.V., Frankfurt

Arbeitsschwerpunkte: Tätertherapie, Ausbilder und Supervisor von Therapeuten/innen, die mit Tätern, Opfern und ihren Familien arbeiten

Claudia Marquardt
Rechtsanwältin, Köln

Arbeitsschwerpunkte: Zivilrecht, insbesondere Familienrecht

Dr. Udi-Jutta Schneewind
Klinische Psychologin/Psychotherapeutin in eigener Praxis, Supervisorin, Lehrtherapeutin am Fritz Pearls Institut für Integrative Therapie und Kreativitätsförderung, Groupworker im ÖAGG

Arbeitsschwerpunkte: Stationäre und ambulante Psychotherapie mit frühgeschädigten bzw. Patienten/innen mit Frühstörungsanteilen, Fort-, Weiterbildung und Supervision für spezifische Berufsgruppen